R. TEULIÈRES

HAUT-SÉNÉGAL

ET

MOYEN-NIGER

KITA ET SÉGOU

PAR

A. PÉRIGNON

Capitaine de l'Infanterie Coloniale.

PARIS

J. ANDRÉ, Éditeur

27, Rue Bonaparte, 27

HAUT-SÉNÉGAL

ET

MOYEN-NIGER

I. — Chalands de la Flottille du Niger (Transport des vivres).

HAUT-SÉNÉGAL

ET

MOYEN-NIGER

KITA ET SÉGOU

PAR

A. PÉRIGNON

Capitaine de l'Infanterie Coloniale.

Hommages de l'auteur
A. Pérignon

PARIS

J. ANDRÉ, ÉDITEUR

27, RUE BONAPARTE, 27

1901

INTRODUCTION

Pour avoir une étude assez complète des régions du Haut-Sénégal et du Moyen-Niger, il suffit d'étudier les Cercles de Kita et de Ségou. En effet, les deux races dominantes qui habitent ces régions, les Malinkés et les Bambaras, sont surtout groupées dans ces deux Cercles, les Malinkés à Kita, les Bambaras à Ségou.

Nous allons donc faire l'historique de ces deux cercles, nous dirons quelques mots des autres peuplades que l'on y rencontre également et terminerons par un court aperçu des mœurs musulmanes.

Kita 1900. — *Ségou* 1901

A. P.

II. — Entrée du Fort de Kita.

LIVRE PREMIER

HAUT-SÉNÉGAL — CERCLE DE KITA

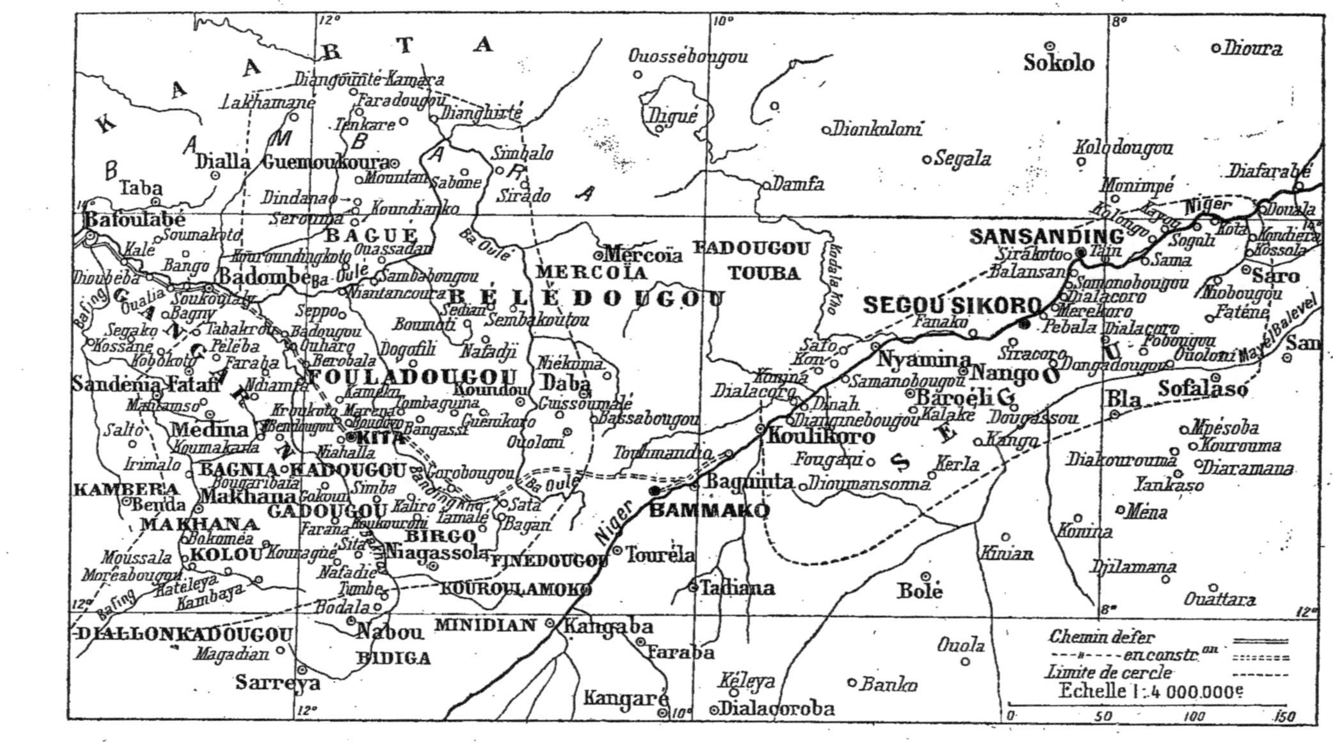
K A A R T A
Diangounté Kamara
Lakhamane
Faradougou
Dianghirté
Tenkare
Simbalo
Dialla
Guemoukoura
Mountan
Sabone
Sirado
Taba
Dindanao
Koundianko
Bafoulabé
Soumakoto
Serouma
BAGUE
Ouassadan
Kale
Bango
Badombe
Ba Oulé
Sambabougou
Dioubeba
Ouali
Soukoutaly
Niantancoura
Bafing
Bagny
Seppo
Sedian
Boumoti
Sembakoutou
Segako
Tabakroto
Badougou
Kossané
Pelèba
Ouharo
Dogofili
Nafadji
Farabа
Berobala
Sandenia
Fatafi
Ndiamfa
FOULADOUGOU
Koundou
Kameko
Manamso
Tombaguina
Kroukoto
Marena
Guenikoro
Salto
Medina
Boudou
Bangassi
KITA
Koumakara
Niahalla
Ouolani
Irimalo
BAGNIA
KADOUGOU
Gorobougou
Bougaribaia
Kolou
Simba
KAMBERA
Benda
Makhana
GADOUGOU
Kaliro
Iamalé
Sata
Bagan
MAKHANA
Farana
Birgo
BIRGO
Bokomea
Sita
Moussala
KOLOU
Kouragne
Niagassola
Moreabougou
Nafadie
Hateleya
Kambaya
Tumbe
Bodala
DIALLONKADOUGOU
Nabou
Magadian
BIDIGA
Sarreya
MINIDIAN
Ouossébougou
Digué
Dionkoloni
Damfa
Mercoïa
MERCOÏA
FADOUGOU
TOUBA
B É L É D O U G O U
Niékoma
Daba
Gussoumalé
Bassabougou
Toumandio
Ba Oulé
Niger
BAMMAKO
Baguinta
Tourela
Tadiana
Kangaba
Faraba
Kangaré
Kéleya
Dialacoroba
Banko
Ouola
Bolé
Kinian
FINEDOUGOU
KOUROULAMOKO
Sokolo
Dioura
Segala
Kolodougou
Diafarabé
Monimpé
Niger
Douala
SANSANDING
Sirakoto
Taïn
Sogoli
Kota
Kondiera
Kossola
Sama
Balansan
Samanobougou
Saro
Dialacoro
Niobougou
Fatene
SEGOU SIKORO
Merekoro
Fanako
Pebala
Dialacoro
Safo
Fobougou
Nyamina
Siracoro
Dongadougou
Ouolomi
Nango
Dialacoro
Samanobougou
Baroeli
Bla
Sofalaso
Dinah
Kalake
Dougassou
Koulikoro
Kanga
Mpésoba
Kourouma
Fougani
Kerla
Diakourouma
Diaramana
Dioumansonna
Yankaso
Ména
Konina
Djilamana
Ouattara
Chemin de fer
en constr.on
Limite de cercle
Echelle 1 : 4 000.000e
0
50
100
150

PREMIÈRE PARTIE

I

ASPECT GÉNÉRAL — HYDROGRAPHIE OROGRAPHIE

Le Cercle de Kita fait partie du bassin du Haut-Sénégal et depuis le mois de janvier 1900 appartient au Sénégal. Avant cette époque il faisait partie du Soudan. Il a été le point de départ des premières expéditions vers l'intérieur. L'ensemble de la région est accidenté et couvert de chaînons ou plutôt de plateaux à base rocheuse s'étageant et n'ayant presque aucune liaison entre eux. Les pentes en sont généralement à pic.

Pendant la saison sèche la campagne est brûlée par le soleil et poussiéreuse, les marigots sont à sec. La province de Kita est cependant assez verdoyante toute l'année ainsi que les bords des rivières Bakoy, Bafing et Baoulé. Pendant l'hivernage, au contraire, la campagne devient très verte et la végétation luxuriante; tout pousse et de nombreux lougans (terrains de culture) couvrent le sol. On rencontre quelques sommets et massifs assez élevés tels que celui de Kita (640 m.) et ceux du Birgo et du Kollou. Ces massifs, taillés à pic, ont des formes géométriques régulières.

Le sol est formé de roches primitives de différentes

natures qui, ne se désagrégeant pas toutes aussi vite sous l'action de l'eau et de l'air, produisent des érosions et des saillies successives nombreuses qui donnent naissance à des vallées formées de terrains d'alluvions à la surface, au milieu desquels se trouvent des blocs erratiques de granit et de grès.

Le Cercle est traversé par les deux fleuves qui forment le Sénégal. Le Sénégal qui commence à Bafoulabé est en effet formé du Bafing qui vient des monts du Diangala (Fouta-Djalon) et sert de limite ouest au cercle de Kita, et du Baoulé qui descend des monts Mandingues et sert de limite est au Cercle, vers Kondou (Fouladougou-Arbala), le traverse dans toute la longueur du nord-est à l'ouest, en passant par Simbala, Kaarta et Mantacoura, Fouladougou-Saboula et va se jeter dans le Bakoy près de Bafoulabé en délimitant les provinces du Fouladougou et du Kaarta. Le Baoulé reçoit le Badinko qui prend sa source près de Niagassola et qui reçoit lui-même de nombreux marigots. Le Haut-Sénégal est encore alimenté par de nombreux marigots qui, pendant l'hivernage, s'emplissent et s'écoulent dans les rivières au fur et à mesure que celles-ci se vident.

Après de nombreuses variations le Cercle de Kita, qui, aujourd'hui, est définitivement délimité, occupe une immense surface entourée par les Cercles de Nioro, Gombou, Bamako, Siguiri, Dinguiray, Bafoulabé.

Sa superficie peut être évaluée à 55.200.000 m. q. et sa population à 40.000 habitants (recensement de 1899). Le Cercle comprend les provinces suivantes : Baniakadougou Birgo, Bokhé, Fouladougou-Arbala, Fouladougou-Saboula, Gadougou, Gangaran, Kaarta, Kankoumakania, Kita, Kollou. Nous les étudierons séparément dans la deuxième partie.

II

RACES — RELIGION — CLIMAT — PRODUCTIONS

Races. — La principale race qui habite le Cercle, est la race Mandingue qui comprend les Malinkés répandus dans tout le cercle et les Bambaras que l'on trouve dans le Kaarta. On y rencontre également des habitants de races différentes tels que les Peulhs qui se trouvent dans le Fouladougou et le Birgo et les Sarrakolés qui habitent le Kaarta principalement, mais qui, disséminés un peu partout, ne forment aucun groupe compact et chaque jour retournent dans leur pays d'origine.

Religion. — On peut dire que la population du Cercle est fétichiste car les Malinkés se montrent attachés à leurs coutumes. On rencontre bien quelques musulmans disséminés un peu partout, mais ils ne forment que deux groupes assez importants : l'un occupant le village de Moribougou et l'autre celui de Boulouli (province de Kita). Tous ces musulmans de l'ordre Kadria sont peu fanatiques et n'ont aucune relation pouvant nous être nuisible. Dans ces deux centres se trouve une case mosquée qui sert surtout aux palabres et de lieu de sieste.

Climat. — Le climat est à peu près le même que celui du Sénégal. On y remarque deux saisons bien distinctes, l'hivernage ou saison des pluies et la saison sèche. — Les mois de novembre et de juillet qui séparent ces deux saisons sont à craindre pour les Européens. La pluie commence à tomber d'abord irrégulièrement, et les marigots ayant un débit insignifiant, les matières organiques qui ne sont pas entraînées se dissolvent dans l'eau, et le soleil, par évaporation, produit alors un dégagement de miasmes putrides. Il en est de même en novembre à la fin de l'hivernage au moment où les eaux se retirent en laissant des résidus vaseux dans les bas-fonds.

La saison sèche est celle des transactions commerciales. La chaleur devient excessive et les Européens, ne mangeant et ne dormant plus, se trouvent fatigués et vite épuisés. Il est rare d'avoir de la pluie pendant cette période. La sécheresse de l'air est extrême, les métaux oxydables ne se rouillent même plus. La campagne est absolument brûlée par le soleil, il n'y a plus de verdure et les incendies mis aux buissons et bivouacs par les dioulas et les voyageurs dévorent la plaine.

L'hivernage est caractérisé par des tornades isolées, amenant de la fraîcheur ; les pluies sont annoncées par un amoncellement de nuages vers l'est, lézardés d'éclairs précipités ; un vent violent s'élève, le tonnerre gronde avec fureur et la pluie est continuelle : les routes se défoncent ; les nuits deviennent humides et le sommeil plus facile, mais il faut avoir soin de se garantir de cette humidité qui donne des accès pernicieux ou de dysenterie. En octobre la pluie devient plus rare, la chaleur, avec les évaporations et la tiédeur humide de l'atmosphère, se fait plus lourde et tend à disparaître. En décembre, l'hivernage est terminé, les nuits sont fraîches, il faut même en janvier et février se couvrir pendant la nuit et les effets de flanelle peuvent très bien se supporter en l'absence du soleil. L'hivernage n'est point généralement pluvieux, quelquefois, mais rarement, il grêle (en mai 1899, la première tornade amena une pluie de gros grêlons); il est dangereux de voyager en août et en septembre, les marigots sont profonds et pour les traverser on a souvent de l'eau jusqu'à la ceinture et même au-dessus.

C'est la saison où la campagne est jolie, tout est verdoyant et le cercle de Kita qui est très montagneux présente de très beaux sites pittoresques. C'est aussi le moment où les fauves sont le plus en sûreté à cause des hautes herbes. Il y a aussi un très grand nombre d'oiseaux très jolis, aux couleurs variées et voyantes.

Les indigènes divisent l'année en cinq saisons.

La première. — Celle des fortes chaleurs : mars, avril, mai, la température moyenne est de : maxima 38° 6′, minima 28° 6′. C'est la saison des feux de brousse, débroussaillement des lougans. Quelques rares gouttes de pluie ; c'est le petit hivernage.

La deuxième. — Celle des semailles : fin mai, juin, chaleur assez forte ; l'air est lourd et chargé d'électricité.

Température maxima 33° 3′, minima 26° 7′.

La troisième. — Juillet, août, septembre. Pendant cette période, l'hivernage est bien établi, la végétation est en pleine croissance.

Température maxima 27° 9′, minima 23° 3′.

La quatrième. — Fin de l'hivernage. Saison des récoltes, octobre, novembre.

La cinquième. — Saison froide. Décembre-Février.

Température maxima 30° 5′, minima 20° 7′.

Ces moyennes de température faites sur l'ensemble de

l'année sont souvent dépassées. Il n'est pas rare de voir des maxima 44 et même 45° et des minima de 4 à 10°. En janvier 1900, au Badinko, le thermomètre a marqué 2° pendant la nuit.

Productions. — Les études faites jusqu'à ce jour pour rechercher quelles sont les richesses naturelles du Soudan ou mieux du Haut-Sénégal n'ont pas encore donné de résultats définitifs. Il ne faut pas néanmoins croire que le sol soit improductif, l'avenir seul permettra de se prononcer en connaissance de cause. Il est certain que les régions montagneuses qui sont assez nombreuses donneront des produits qui pourront être exploités avantageusement.

Nous nous bornerons donc à une énumération sommaire des principaux connus.

Minéraux. — *L'or et le fer.* — L'or qui se trouve principalement dans le Bouré, le Bambouck et le Mandingue doit aussi se trouver dans le Cercle de Kita, ces trois régions lui servant de limites au sud sud-est et sud-ouest. Le fer se trouve partout : les indigènes l'extraient du minerai dans des hauts fourneaux construits par eux. Ils le travaillent avec assez d'habileté; quelques-uns fabriquent des fusils en entier et des objets assez curieux.

Cultures diverses indigènes. — I. *Végétaux.* — La base de l'alimentation des indigènes c'est le mil (Nio) qu'ils cultivent en grand, de façon fort judicieuse. Les résultats obtenus par une longue expérience transmise de père en fils, leur permettent de modifier leur méthode de culture selon les terrains sur lesquels ils opèrent et aussi selon la qualité du grain employé. Il y a deux grandes variétés de mil : le gros et le petit, chacun d'eux se subdivise encore comme suit.

I *Gros mil :* Les grains groupés autour de la tige, forment panache.

1° Le Méniko ou Keniquié qui se subdivise en Keniquiéba qui demande de trois à six mois pour mûrir, très répandu, bonne nourriture, se conserve deux ans.

Le Keniquié hâtif ou Sakoika qui mûrit en trois mois, mais qui ne se conserve bien qu'un an.

Il y en a une troisième variété (le Miouniquelé) qui est peu répandue.

Le Keniquié aime les terrains argileux; dans le sable il ne produit presque rien s'il n'est pas fumé.

2° L'Amadibougou, peu cultivé dans la région, a été importé à Sansanding par le fama à cause de ses qualités nutritives; excellent pour les chevaux.

3° Le Gadiaba, moins nourrissant que les deux premiers, mais d'un goût agréable. Il donne une farine blanche qui rappelle celle du riz.

4° Le Kendé: *a* le rouge (oulé) peu estimé ; *b* le blanc (diéma) de meilleure qualité que le rouge. C'est un mil hâtif, il mûrit en trois mois, mais ne se conserve qu'un an.

Tous les gros mils sont employés pour la fabrication du dolo.

II. *Petit mil.* — Les graines sont plaquées autour d'un épi.

1° Sanio est le plus répandu sans doute parce qu'il est de bonne qualité ; il lui faut cinq à six mois pour arriver à maturité, mais il se conserve très longtemps et il peut aller jusqu'à sept ans sans être attaqué par les charançons.

2° Somia plus hâtif que le sanio, ne se conserve guère qu'un an. On le trouve assez souvent mélangé avec le sanio.

Dans notre région, le mil semé en juin se récolte

III. — Greniers à mil découverts.

d'août à novembre selon qu'il est hâtif ou non. On peut aussi sur un même terrain obtenir double récolte en semant du maïs au commencement de la saison sèche dans des terrains humides, et aussitôt le maïs enlevé, c'est-à-dire dans le commencement de juillet, on repique du mil. On peut sans inconvénient agir ainsi ; car les principes absorbés par ces deux céréales ne sont pas les mêmes, et dans l'intervalle des saisons, la terre a le temps de les reconstituer. Bien que le mil de l'année soit le meilleur au point de vue de la nutrition (excepté le sanio qui est aussi bon à deux ou trois ans), il est indispensable de pousser les noirs à constituer des greniers de réserve qu'ils devront renouveler d'année en année. Ces avances de mil permettront à la population de vivre lorsque se fera sentir la famine causée soit par l'invasion des sauterelles, soit par la sécheresse, ces fléaux n'étant que trop fréquents dans la région. Elles permettraient aussi un trafic plus grand sur les marchés et par suite un écoulement plus important des marchandises françaises.

Maïs (kaba). — Le Maïs pourrait prendre dans le Soudan une importance plus grande que celle dont il jouit. Il est très nourrissant, mais comme il durcit très vite, les indigènes ne le consomment qu'à l'état frais. On ne le trouve pas sur les marchés. Il se conserve difficilement plus d'un an. Cependant, malgré ces défauts, le maïs possède des qualités telles que sa culture est à préconiser (voir plus loin l'analyse). Pour le consommer, les indigènes pourraient le réduire en farine ; mais, comme il est sensiblement plus dur que le mil, il faudrait pour le réduire, déployer une énergie plus grande. Il pourrait entrer, pour une bonne part, dans l'alimentation des chevaux et autres animaux ; mais au préalable, il faudrait le passer dans des concasseurs. Si le maïs existait sur les marchés, il devrait être vendu à bas prix, car il est en réalité un sous-produit. En effet, sa récolte s'opérant trois mois après les semailles, l'indigène peut sur le même terrain dans la même année, obtenir encore, soit du mil, soit des arachides. On peut le semer partout, sur tous les terrains, au début de l'hivernage; dans les terrains humides on le sème, soit à la fin de l'hivernage, soit en pleine période sèche, en deuxième récolte. La culture ne demande aucun soin.

Riz (Malo). — Les Cercles de Ségou et de Kita produisent peu de riz. Il serait pourtant à désirer que les indigènes soient encouragés à le cultiver. Ils devront choisir de préférence le riz de montagne qui est plus blanc, plus gros que le riz d'eau. La récolte du riz d'eau est parfois insignifiante; cela tient en partie à ce que le noir ne choisit pas ses graines, or cela est important, surtout pour le riz.

TABLEAU INDIQUANT LA COMPOSITION MOYENNE DE CERTAINES CÉRÉALES

NOMS	EAU 0/0	MATIÈRES			Cellulose CENDRES 0/0	Observations
		AZOTÉES 0/0	GRASSES 0/0	Extractives AMIDON ETC.		
Mil.	11.65	9.25	3.50	65.95	9.65	—
Maïs.	13.10	9.85	4.65	68.40	2.00	—
Riz.	13.10	7.85	0.90	76.50	3.65	—
Blé.	13.65	12.35	0.75	67.90	4.15	—
Orge.	13.80	11.60	2.45	67.90	4.25	—

On voit par ce tableau que le riz est, au point de vue nutritif, la moins avantageuse des céréales citées mais il compense ce défaut par des qualités très appréciables qui sont :

1° Une conservation facile et de longue durée.

2° Une assimilation complète et sans fatigue pour l'estomac. En outre, pour peu qu'il soit accompagné de poisson, de jus de viande ou de lait, il devient un excellent aliment.

Blé-orge. — Ségou ne cultive ni blé ni orge. Il y aurait pourtant grand avantage à y introduire ces deux céréales, le blé pour Koulikoro, et l'orge pour les animaux, même aussi pour les noirs.

Patate. — Très peu de lougans de patates, cependant, ce légume mériterait une attention plus grande. La patate est incontestablement moins sapide que la pomme de terre, mais elle s'en rapproche beaucoup. Si le mil venait à manquer, la patate, elle, ne ferait pas défaut. En effet, par son développement dans le sol, elle est à l'abri des sauterelles, et elle produit surtout pendant la période sèche. Sa culture ne demande aucun soin ; elle se multiplie d'elle-même par ses tiges ; on l'établit au moyen de boutures. Elle produit beaucoup.

Il y en a de deux sortes, la rouge et la blonde. Cette dernière est la meilleure. D'importantes plantations de patates seraient une assurance contre la disette éventuelle et permettraient dans les bonnes années d'engraisser les bestiaux. La patate peut à elle seule jouer au Soudan le même rôle que jouent en France deux cultures diverses : les prairies et les pommes de terre dans les fermes. Par ses feuilles abondantes, elle est un excellent fourrage ; par ses tubercules, elle est une bonne nourriture pour les animaux. Si les indigènes cultivaient la patate en grand, vu le peu de soins que sa culture demande, vu aussi sa grande production à l'hectare, son prix de vente sur les marchés serait forcément minime.

Manioc. — Encore une plante favorable à l'apathie des noirs. Il suffit de planter des boutures, et le manioc affrontant la sécheresse aussi bien que les fortes pluies, donne sa récolte la deuxième année. Il vit trois ou quatre ans. Si le terrain a été fumé, il produit des tubercules très gros pesant plusieurs kilos. C'est du manioc que l'on extrait le tapioca.

Arachides (Tiga). — Les indigènes sont très friands des arachides, ils en cultivent pour leur consommation; ils les mangent grillées ou mélangées avec des aliments sous forme de sauce. Ils n'en font pas de commerce; ils ne les exportent pas; les frais de transport grèveraient trop lourdement ce produit. Pour permettre l'exportation, il faudrait faire l'extraction de l'huile sur place; les frais seraient ainsi diminués du 1/3 environ. Les indigènes fabriquent déjà de l'huile, mais presque exclusivement pour les besoins des Européens. Pour eux-mêmes, ils préfèrent le karité. La culture de l'arachide est très simple; semée entre juillet et septembre, la récolte se fait entre octobre et décembre. Pas de soins particuliers. — Le grain trouvé en terre constitue une bonne nourriture, tandis que les tiges et les feuilles sont un très bon fourrage que les animaux mangent avec plaisir.

Sésame (ou Bérée). — N'est cultivé qu'en petite quantité au milieu des lougans. Semé au commencement de l'hivernage, il s'élève jusqu'à la hauteur d'un homme. Sa graine toute petite est récoltée en novembre; elle est très chargée en corps gras et donne une huile fine de très bonne qualité. Les indigènes l'emploient dans le couscous de même que l'arachide, en remplacement de graisse ou de karité.

Fonio. — Est cultivé en lougans en même temps que le maïs, mûrit aussi vite que lui et vient sur les marchés, avant l'arrivée du mil, fournir aux indigènes le grain nécessaire à leur nourriture. Pour les Européens, il remplace la semoule.

Divers. — Si, à la liste ci-dessus nous ajoutons les quelques noms ci-après, nous en aurons fini avec les plantes qui subviennent à l'alimentation des hommes et des animaux :

1° Les Osonifis (ou fabiramas) très employés par les Européens en remplacement des pommes de terre.

2° Le N'Goa (ou gombo) qui ressemble au poivron et qui, confit dans le vinaigre, joue assez bien le rôle de cornichon.

3° Le Da dont la feuille tient avec avantage la place de nos épinards et de nos oseilles.

4° Le Kou dont le tubercule un peu amer doit être bouilli et lavé à l'eau fraîche avant d'être employé dans la cuisine européenne.

5° Le piment, l'oignon, l'ail et d'autres encore sont cultivés par les indigènes pour les besoins de leur cuisine. Mais il est souvent difficile aux Européens de se procurer les oignons et les aulx qu'ils désirent.

Da-fou. — Les Somonos cultivent le Da-fou sur les rives du fleuve, après le retrait des eaux ou au commencement de l'hivernage ; il est alors récolté en octobre. Après avoir été séchées au soleil, les tiges sont trempées dans le fleuve où elles séjournent sept jours. Après ce rouissage sommaire elles sont de nouveau séchées puis défilées. Les fibres sont ensuite filées selon les besoins et à la grosseur voulue pour faire soit des cordes, soit des ficelles qui servent à la confection des filets.

Coton et Indigo. — Ces deux plantes et leurs produits, bien différents les uns des autres, comme nature, contexture et composition intime, sont cependant faits pour être réunis, puisque finalement ils aboutissent à un mélange duquel résulte ce tissu qui est absorbé par énormes quantités dans notre Soudan, chez les Maures, chez les Touaregs, dans tout le Sahara, chez tous ces gens qui devraient être nos clients et auxquels les Anglais, les Allemands, les Belges et les Hollandais fournissent les guinées dont ils ont besoin.

On ne peut pas compter comme guinées françaises, celles qui venant des Indes ou de Hollande s'en vont à Bordeaux se faire franciser chez un négociant français. Ce tissu n'ayant pas été fabriqué en France n'a pas apporté dans les divers centres ouvriers (filature, teinture, tissage, apprêt), sa quote-part d'activité, de bénéfice, de vie. Tout cela a été pour les étrangers qui, dans nos colonies commercent et prospèrent à l'ombre de notre drapeau. Je ne parle ici que de la guinée qui est un article camelotte mais de grande consommation. Pour les autres tissus, nos manufactures tiennent sur les marchés de la Côte Occidentale le premier rang; elles produisent du meilleur en qualité et du plus beau d'aspect, mais par contre, la main-d'œuvre est plus chère en France que partout ailleurs. Voilà pourquoi nous ne pouvons pas arriver à produire cet article, camelotte à bas prix, la guinée. Cependant, si la métropole ne peut pas arriver à cela, la Colonie, elle, a tout ce qu'il faut pour réussir ; il ne lui manque qu'une chose, ce sont nos vieux métiers à main, que faisaient marcher nos paysans du département du Nord et ceux de Normandie. Depuis la création des tissages mécaniques, ces métiers sont relégués dans les greniers.

De même principe que le métier indigène dont il ne diffère que par la largeur, le noir, tisseur, le ferait aussi facilement marcher que le sien propre et au lieu de fabriquer des bandes de 10 à 15 centimètres de largeur, il obtiendrait des piéces de 1 mètre ou de 0 m. 80, largeur de la guinée vendue partout. Ayant ainsi obtenu la pièce blanche il sera facile de la teindre en bleu avec l'indigo récolté dans le pays.

Tous les éléments constitutifs étant récoltés dans le pays on arriverait à un prix de revient tel que la concurrence étrangère deviendrait impossible et cette concurrence ne s'exercerait pas contre la métropole dont les tissus compliqués et d'un beau fini ne pourront jamais être fabriqués par les indigènes avec nos métiers à main. Il coulera encore beaucoup d'eau dans le Niger avant que des tissages mécaniques s'installent dans la vallée du Djoliba.

Il a été fait à Ségou, des plantations de coton et d'indigo. Par suite du manque de crédits et des moyens d'action indispensables, le tout a été fait en petit dans les limites de ce qui se pratique dans la grande culture. Il a été fait un champ de coton, plus loin un champ d'indigo et entre les deux un champ mixte, moitié indigo, moitié coton par lignes successives de cotonniers et d'indigotiers, lignes espacées à 1 m. 50 et dans chaque ligne, les cotonniers à 1 m. 50 tandis que les indigotiers sont établis en bataille. Ceci parce que ces deux plantes n'absorbant pas les mêmes principes, les racines de chacune ont un plus vaste champ d'action et ensuite parce que les noirs comprendront mieux ainsi le rapport qui existe entre ces deux plantes.

Coton. — Il paraît que le coton de Ségou expédié à l'essai en France a été très apprécié. C'est un commencement heureux et qui n'est dû qu'à une cause bien simple. Les indigènes peuvent en faire autant. On s'est servi des graines du pays bien choisies ; les pieds ont été espacés en tous sens de 1 m. 50 ; les tiges mères ont été étêtées au moment de la formation des gousses (cette

IV. — Poste de Ségou. — Champ de coton préparé à la charrue.

opération n'est pas absolument nécessaire); mais les gousses ont été cueillies à l'état vert au moment où elles commençaient à s'ouvrir. C'est là tout le secret pour avoir du bon coton. Tous les matins, après le lever du soleil, la cueillette des gousses claquées était faite ; puis le coton retiré était séché à l'ombre dans une case sur une natte suspendue ; au bout de six à sept jours il était mis en sac et pouvait être expédié.

Les indigènes ne ramassent leur coton que lorsqu'il y en a beaucoup ou lorsque tout est mûr. Ils en perdent une certaine quantité et le tout est fortement altéré par le soleil ; en le filant il casse très souvent. Le coton du Soudan est de courte fibre, mais il est nerveux ; c'est sa seule qualité ; il importe donc de la lui conserver. Il suffit pour cela de le cueillir à temps.

Indigo.—L'Indigo peut être semé de différentes façons, mais la plus commode et la plus productive, consiste à semer à la volée en lignes espacées de 0 m. 60. Le repiquetage n'est pas à recommander, au contraire. Si l'on a semé au début de l'hivernage, la première coupe se fera au commencement de septembre, la deuxième au commencement de novembre et la troisième en janvier. Les pieds seront ensuite coupés à 0 m. 10 ou 0 m. 15 de terre, si l'on veut conserver les mêmes pieds pendant 2 ans ; mais il ne faut pas aller au delà, la qualité diminue sensiblement.

Les indigènes triturent les feuilles dans un mortier pour développer l'indigo et agglomérer les feuilles en un gâteau qu'ils compriment et font sécher. Ces gâteaux ne se conservent pas longtemps. On a essayé d'en présenter en France ; ils ont été partout rejetés, l'intérieur étant moisi. Il y a aussi à considérer que le rendement en indigotine étant à peu près au 1/20 des feuilles, on payerait, en opérant ainsi, 20 fois le prix du transport de la matière utilisable. Pour recueillir l'indigo pur, on fait fermenter les feuilles, on soutire, et après avoir ramassé sur filtre la pâte formée, on la fait bouillir, puis on sèche à l'abri du soleil et de la poussière. De l'indigo ainsi obtenu à Ségou, a été envoyé en France et à l'analyse il a donné 35 0/0 d'indigotine pure. Le 0/0 des indigos marchands est très étendu, il varie depuis 20 0/0 jusqu'à 80 0/0. On voit donc que, pour un premier essai obtenu avec des moyens très défectueux, ce 35 0/0 est plein de promesses pour l'avenir.

Ici dans la région Ségou, Djenné, il est préférable, afin de ne pas rebuter les indigènes en les lançant dans une exportation qui au début pourrait donner des mécomptes, il serait préférable de les pousser à fabriquer la guinée dont l'écoulement est assuré. Quand cela sera enrayé, l'exportation arrivera tout naturellement, on pourra la provoquer et la continuer en choisissant tant sur le coton que sur l'indigo les qualités supérieures. En France, le beau et le bon sont toujours appréciés.

Tabac. — Les indigènes possèdent déjà de sérieuses notions sur la culture du tabac. Malheureusement très peu fument. Il est de bon ton de priser, parmi les noirs.

Ils s'occupent donc surtout de la culture du tabac à priser. On le trouve partout sur les marchés, tandis que le tabac à fumer faisant souvent défaut, les fumeurs triturent bien moins le tabac à priser et en bourrent leurs pipes. C'est détestable : d'un goût acre et très fort, il entête très vite. Leur vrai tabac à fumer, très rare sur les marchés, est cependant meilleur, son goût est convenable et, si l'on a soin de le laver simplement dans une ou deux eaux, on a un tabac doux, sans être cependant insipide.

Toute la culture est faite par les Somonos, qui, au moment du retrait des eaux établissent sur la rive de petites planches en creux, dans lesquelles ils repiquent leurs plants à 20, 25 ou 30 centimètres, ils fument, arrosent souvent et laissent tout venir, laissent pousser toutes les feuilles. Pour leur tabac à priser, ils peuvent continuer à cultiver ainsi, mais si l'on veut arriver à faire de l'exportation, il faut opérer autrement. On a fait en petit des essais qui donnent des indices et des promesses. Ces petites cultures ont été faites à deux époques différentes mais sur le même terrain, avec des graines sortant du même paquet et les plantes ont été traitées de la même façon. On a obtenu des résultats bien différents et qui indiquent nettement la direction à suivre.

Les indigènes cultivent le tabac au commencement de la période sèche. Au poste, on a opéré sur un terrain de lougan ordinaire.

1° Pendant l'hivernage; 2° Au commencement de la période sèche.

Dans les deux cas les plants ont été espacés à 0m60 en tous sens ; ils ont été étêtés et réduits à 8 feuilles. Les plants d'hivernage ont atteint plus de 1 mètre de hauteur, tandis que ceux de la période sèche n'ont guère dépassé 0m50. Les feuilles des premiers se sont développées en longueur et en largeur deux fois plus que celles des derniers.

Voilà donc un fait acquis, l'hivernage convient mieux que la période sèche pour la culture en grand du tabac et l'on aura du bon tabac à exporter, si l'on s'en tient aux prescriptions ci-dessus. Elles sont bien faciles à suivre.

Caoutchouc Liane Goy ou Goyini. — Le caoutchouc existe en grande quantité au Soudan, le fait est connu depuis 3 ans et des capitaux exploitent ce produit en faisant de réels bénéfices. La partie sud du Soudan semblait être la région de prédilection pour la liane Gohine. L'étude complète de cette dernière a été l'objet de nombreux articles parus dans la revue des Cultures coloniales en

1898 et 1899; mais actuellement par une connaissance plus complète des cercles, on a observé que la liane Gohine vient très bien dans des territoires situés plus au nord. Ainsi dans le cercle de Ségou, j'ai fait recueillir dans la partie Sud du cercle entre la rive gauche du Bani et du Baoulé (province du Bani et de Gueniakálári) de magnifiques échantillons de caoutchouc. Il a été compté jusqu'à 5 lianes pour 3 ares. Le terrain réunit toutes les conditions voulues de fertilité pour la culture de cette liane, dont la disparition a été amenée là, comme malheureusement ailleurs, par l'incurie et l'insouciance des indigènes qui mettent le feu chaque année à d'immenses étendues.

Dans les environs des villages de Bounaba et de Kani, on trouve encore assez fréquemment une liane tous les trois mètres. De là à dire qu'il n'y a qu'à partir de France avec des capitaux et à venir les tripler dans le Bani, il y a loin. En matière coloniale il faut éviter d'allécher par des récits un peu trop pompeux les capitalistes, comme il a été fait souvent; mais en procédant méthodiquement on pourrait reconstituer en deux ou trois années de vastes domaines caoutchouquifères. Dès la première année on aurait la ressource d'exploiter les lianes existantes. La main-d'œuvre étant peu élevée et surveillée, les indigènes fourniraient un caoutchouc pur.

Au début le caoutchouc du Soudan exploité seulement par quelques commerçants a fourni des bénéfices énormes; on a vu le kilo acheté 1 franc à 1 fr. 50 revendu 8 francs à 9 francs en Europe. Aujourd'hui, il faut renoncer à ces gros bénéfices, la concurrence devient sérieuse. La seule façon d'arriver à gagner beaucoup et sûrement est de devenir concessionnaire et d'exploiter soi-même et non de se fixer en deux ou trois points du Soudan et d'acheter tout le caoutchouc que les indigènes apportent, car il y a à tenir compte de ce que l'indigène au début, donnait le caoutchouc à des prix très faibles tandis qu'actuellement, il n'ignore plus sa valeur et devient exigeant. Dans le cercle de Ségou, il y a intérêt à se livrer à cette culture

V. — Marché indigène.

puisque la difficulté de transport qui a arrêté toutes les entreprises va disparaître, le chemin de fer, en 1904, devant arriver à Bamako et relier ainsi le Niger au Sénégal.

Céara. — De nombreux essais de plantations de céara ont été essayés au Soudan mais jusqu'à ce jour les résultats ont été pour ainsi dire nuls. Cela provient certainement de la qualité des graines qui généralement arrivent dans les postes vieilles ou sèches. Il faudrait, lors de l'expédition, les choisir sérieusement et les tremper dans de l'huile. Il est probable que l'on acclimatera cet arbre.

Produits de la Brousse. — *Tamariniers.* — La pulpe qui enveloppe les graines est purgative et rafraîchissante, chaque gousse a une longueur de 4 à 10 centimètres; elle est de couleur brunâtre. Les indigènes font un grand usage de cette pulpe.

Cailcedrat Diala. — Très bel arbre, dit Acajou du Soudan; son bois est rouge. Toutes les parties de cet arbre, bois, écorce, feuilles, contiennent de la Cailcédrine, substance de même nature que la quinine et qui peut tenir dignement sa place comme antifiévreux.

N'Tomono (Dialé Sidde). — Reste presque toujours à l'état d'arbuste, mais taillé dans le bas pousse en arbre. Très abondant dans le Soudan, mais trop souvent brûlé par les feux de brousse. Son fruit est une petite jujube d'un goût agréable, dont on retire un alcool de bon goût.

Karité. — Le Karité est un bel arbre d'ombrage. Il mériterait de la part des indigènes une attention plus grande que celle qu'ils lui accordent.

En effet cet arbre produit :

1° Une graisse végétale que l'on trouve sur tous les marchés du Soudan et qui épurée peut être consommée par les Européens.

2° De la Gutta-percha d'excellente qualité.

3° Un fruit comestible dont le goût se rapproche de la prune et qui distillé donne un alcool fin.

Koungonèlé. — Arbuste dont la feuille infusée fournit un liquide qui se rapproche du thé. Les indigènes s'en servent pour combattre les coliques et faciliter la digestion.

M'Pégou. — Dont le fruit, petite boule noire est utilisé par les indigènes pour faire un dolo qu'ils préfèrent au dolo de Mil.

Diongonnani. — Arbre résineux dont le produit est odorant, genre mire.

Arbres à Tannin. — Le Bonano dont la gousse séchée et pulvérisée sert à tanner les peaux. Le Diala dont le fruit est employé de la même façon et dont les feuilles bouillies sont appliquées sur les plaies. L'infusion de ces feuilles est aussi employée contre les coliques.

Gouna. — Dont le fruit d'agréable saveur sert à faire un dolo très apprécié des noirs.

Dongué. — Arbuste dont le fruit d'un rouge foncé et de la grosseur d'une noix sert à faire du vinaigre.

Parfums. — Divers arbres et arbustes produisent des fleurs qui donnent un agréable parfum, tels sont :

Le N'Saba	parfum	du Seringa.
Le Trélëké	—	Muguet.
Le Bouré	—	Aubépine.
Le N'Caba	—	Oranger.
Le Dionron	—	Violette.

Et d'autres pas encore actuellement notés.

Cultures potagères françaises. — Les jardins potagers de Ségou et Kita donnent de bons résultats, ils sont l'objet de soins attentifs de tout le personnel européen du cercle, car chacun comprend que si cette culture permet d'améliorer l'ordinaire, c'est aussi un moyen de colonisation. Si petit qu'il soit, il vient dans la masse jouer son rôle utile.

En effet, les jardiniers qui y sont employés, s'instruisent chaque jour, et à leur tour ils propagent nos méthodes. Ils les modifient parfois pour les appliquer à leurs cultures, mais le principe reste. Ils apprécient fort nos instruments aratoires.

Presque tous les légumes de la métropole poussent à l'envi dans les jardins de Ségou et Kita.

S'il y a eu quelques rares mécomptes, c'est que l'ensemencement de certains légumes n'a pas été fait en temps opportun, ou bien parce que les graines avaient perdu leur puissance germinative.

Cette dernière est un écueil contre lequel on ne saurait trop se prémunir. La chaleur et la sécheresse de l'air altèrent très vite les graines. Le meilleur système pour en avoir de bonnes serait de les faire venir de France tous les 3 mois, tous les 6 mois au plus.

En général, tous les légumes poussent très bien pendant l'hivernage, parce que, existent alors, les deux conditions indispensables à la germination : la chaleur et l'humidité. On parvient aussi à obtenir certains légumes en saison sèche; il faut alors les arroser beaucoup et, quand on le peut, les abriter sous des arbres, comme cela se pratique en Algérie.

L'ombrage des palmiers dans les oasis, des caroubiers dans certaines nouvelles cultures de Tunisie, empêche de s'évaporer trop vite, l'eau apportée sur le sol. Par suite la contraction de ce sol est retardée. Cette contraction est néfaste, car elle étrangle les racines et les prive de l'air nécessaire. C'est dans cet ordre d'idées que des arbres nouveaux ont été plantés dans les jardins des postes de façon à obtenir des espaces abrités et des espaces exposés au soleil ; les plantes peuvent donc être selon leur nature, abritées ou non. Un dispositif de planches en creux permet, pendant la saison sèche, de retenir, aux pieds des plants, l'eau apportée du fleuve et des puits. Par contre, l'utilisation de planches en relief facilite, pendant l'hivernage, l'écoulement des eaux provenant des tornades. Les arbres ont été judicieusement choisis, afin de joindre l'utile à l'agréable; c'est ainsi que déjà sont nombreux les bananiers, les goyaviers et les papayers. De nombreux citronniers et quelques orangers sont de belle venue.

Établi sur le bord du fleuve, le jardin de Ségou donne en quantité suffisante pendant l'hivernage : radis, tomates, salades, melons, aubergines, cornichons, asperges. Pendant la période sèche, il se prolonge sur la berge laissée libre par les eaux; il donne alors une nouvelle série de produits tels que : radis, salades, choux, haricots, pommes de terre, pois, etc. Des pois d'angole s'étendent en bordure tout autour du jardin. Ils commencent à donner cette année une abondante récolte d'un légume apprécié et dont la production ne demande aucun soin. Au jardin du poste de Kita et à celui de la mission des Pères du Saint-Esprit, on récolte à peu près tous les légumes de France et on obtient de très bons résultats.

TABLEAU

donnant quelques renseignements

NOMS DES PLANTES	ÉPOQUE DES SEMAILLES S. S. SAISON SÈCHE T. S. TOUTE SAISON	REPIQUER BONS AU BOUT DE	EXPOSITION S. SOLEIL O. OMBRE	DIVERS
Choux.	Ct S. S.	20 jours.	S. et O.	
Radis.	T. S.		S.	Bons en 15 jours.
Chicorée.	Id.	20 jours.	S.	Pousse bien.
Laitue.	Id	1 mois.	S. et O.	Id.
Aubergines.	Hiver	20 jours.	S. et O.	Vivaces.
Carottes.	T. S.	On peut.	S.	Pousse bien.
Asperges.	Hiver		S. et O.	Vivaces, cueillir de juillet à septembre.
Céleri.	T. S.		O.	Pousse passablement.
Haricots.	S. S.		S. et O.	Id.
Épinards.	Id.		S. et O.	Id.
Oseille.	Id.		S. et O.	Id.
Concombre.	Hiver		S.	Id.
Melon.	Id.		S.	Produit beaucoup.
Tomates.	T. S.		S,	Id.
Cerfeuil.	Id.		O.	Pousse mal. — A rejeter.
Persil.	Id.		O.	Pousse bien et vivace.
Betteraves.	Id.	On peut.	S.	Pousse bien.
Artichauts.	Hiver	Id.	S. et O.	Vivace. — Vient mal.
Navets.	S. S.	Id.	S. et O.	Pousse assez bien.
Pommes de terre.	Id.	Non.	S.	Récolte en janvier.
Courges.	Hiver		S.	Pousse bien.

Pour obtenir de bons résultats, il faut, pour toutes les plantes ci-dessus, un terrain préparé et de l'eau.

III

MODES DE CULTURE

Dès les premières pluies, tous les indigènes, hommes, femmes et enfants, prennent la bêche et remuent la terre. Ils commencent par ensemencer le maïs tout autour des cases dont le sol est fumé par des détritus de toute sorte. Le mil est semé dans des terrains propices, quelquefois assez éloignés. Il n'est pas rare de rencontrer les lougans d'un village à 10 et 12 kilomètres plus loin. La patate et les arachides, le tabac que les femmes surveillent particulièrement, le manioc, les oignons, les haricots, l'indigo, sont au contraire semés près des villages. Ils remuent la terre à trois reprises différentes et retirent les mauvaises herbes. Les tiges de mil atteignent une hauteur telle (4 à 5 m.) que les cases d'habitation disparaissent complètement. Le riz est ensemencé dans les plaines ou sur les bords des marigots. Malgré nos conseils et nos champs d'essai, ils ne préparent pas suffisamment leurs terrains ; ils ne font point de canaux d'irrigation, aussi arrive-t-il souvent que la récolte est perdue, les semences ayant été entraînées par les eaux. A Ségou, le champ de coton du poste est labouré à la charrue traînée par 2 bœufs.

L'indigène pour tout instrument de culture ne possède qu'une sorte de petite pioche à manche court appelée daba.

IV

RÉGIME FORESTIER ET DOMANIAL

Terres domaniales. — On peut poser en principe que les terres sans maître font partie du domaine de l'État. En effet, la terre est ici à tous, par suite à personne. La place est au premier occupant, c'est l'occupation qui tient lieu de titre de propriété. — Qui aujourd'hui trouve son champ mauvais, le quitte et va s'installer plus loin. De ce fait, il résulte une grande facilité pour la délivrance des concessions, réglementée toutefois par des arrêtés locaux.

Dans le Cercle, le sol est généralement accidenté. Si de Tonkoto on trace une ligne brisée suivant d'abord la ligne de ravitaillement jusqu'à Kita puis passant par Marena, Gueninkoro et aboutissant à Kondou nous nous trouvons en présence d'une délimitation approximative de deux terrains évidemment différents. Au Nord sont les vastes espaces peu mouvementés et très souvent déserts du Fouladougou et du Kaarta-Biné, d'où émergent, plus ou moins rapprochés, des massifs granitiques aux flancs abrupts. Une herbe très dense y croit (Brousse). En saison sèche, pas d'eau, on sent déjà les approches du Sahel. Au Sud, nous trouvons au contraire la région vraiment montagneuse. Le sol des cantons du Baniakadougou, du Kankoumakania, du Bokhé et du Kollou, est plus particulièrement accidenté. De la vallée du Bakoy à celle du Bafing, c'est un enchevêtrement de crêtes, massifs et contreforts.

Par une série de hauts plateaux ferrugineux que séparent des vallées étroites et profondes, on accède par altitude croissante au Bafing qui, dans une direction Nord-Sud, coule enchâssé pour ainsi dire entre deux lignes de faîte parallèles. Entre deux plateaux consécutifs, les grimpettes sont courtes et rudes. Si parfois l'on descend dans une vallée, c'est pour en gravir aussitôt l'autre versant. Les villages fixes sont établis dans les vallées les moins étroites, les villages de culture au contraire sont situés soit sur le plateau, soit à flanc de côteau, mais presque toujours en dehors des sentiers ordinairement suivis. — Quoique essentiellement ferrugineux, les hauts plateaux et les versants des vallées sont fertiles. De beaux lougans y sont cultivés, la vigne indigène et le bambou y croissent en quantité, on y rencontre aussi les arbustes Goï et Saba. La plupart des marigots qui coulent dans cette partie du cercle gardent de l'eau en toute saison, avantage précieux, et leurs bords foisonnent de bambous et de palmiers d'eau (ban). La haute futaie devient plus dense, de forts beaux arbres s'y rencontrent. On pressent déjà la végétation luxuriante des régions Sud. Dans les deux parties que nous venons de décrire, la constitution du sol est celle du Haut-Sénégal; en général ferrugineuse et siliceuse sur les plateaux, siliceuse et argileuse dans les vallées et les plaines. Les sentiers sont généralement recouverts de Béré, sorte de gravier rouge rond et glissant, qui fatigue bêtes et gens et use activement les pieds des chevaux qui deviennent bientôt indisponibles. De l'exposé ci-dessus on peut déduire sans peine, surtout pour la partie Sud et c'est la plus intéressante, que la propriété domaniale y est très morcelée et que par suite, les concessions le seront aussi.

Forêts. — On ne peut appliquer aux parties boisées du cercle la dénomination de forêts dans le sens large du mot. C'est encore la partie Sud qui est la plus boisée; le Gadougou, le Bokhé, le Kollou, le Birgo sont particulièrement boisés, mais comme nous l'avons dit plus haut, c'est aussi la partie la plus montagneuse et les régions boisées y sont de peu d'étendue.

Les principaux arbres que l'on y trouve et dont l'utilité est incontestable sont :

Le Vène, bois très dur, ressemblant au noyer de France. Le Caïlcédrat ou Dialla à écorce fébrifuge. Le Dougourou. Le Lingué. Tous ces bois sont d'essence très dure, inattaquables aux termites, ils sont excellents et très utilisés pour la construction dans tous les postes.

Le Lingué surtout est un arbre de belle venue dont le tronc a 6 à 10 mètres de hauteur et permet ainsi de faire de larges travées. Il se trouve en quantité entre Dio et Négala et Tabaco et Nafadié.

Le Guelch ou Kalama, l'Aloume sont des bois excellents pour les travaux de charronage.

Le Sô est un bois demi tendre dont les fibres ont quelque ressemblance avec celles du peuplier de France.

Le Hir ou Sivi très utilisé pour la confection du charbon de bois.

Le Guélé, variété du précédent, bois très dur; ses feuilles servent à préparer les peaux.

Le Ronier, espèce de palmier ayant par ses feuilles surtout une grande ressemblance avec le latanier, se conserve très longtemps dans l'eau, est surtout employé pour la construction des ponts et pilotis.

Le Karité, bois très dur également, bon pour la construction, mais les indigènes se gardent bien de l'abattre, le fruit qu'il donne étant pour eux d'une très grande utilité. Ils s'en servent en effet pour préparer leurs aliments.

Le Bambou pousse à profusion ainsi que différents palmiers parmi lesquels le palmier d'eau (ban) qui four-

VI. — Cheval maure.

nit le vin de palme très agréable au goût et très enivrant. Tous deux servent à construire les toits des cases. La feuille sert à la confection des objets de vannerie.

Le Caoutchouc ou Goï et le Saba qui se rencontrent sous forme de lianes ou d'arbustes.

Le Fromager, le Baobab et le Tamarinier; les fruits de ces derniers sont employés en médecine, le premier contre la dysenterie, le second au contraire comme astringent. Le Soudan possède une foule d'essences encore imparfaitement déterminées botaniquement parlant; beaucoup sont employées par les indigènes pour le traitement des maladies internes ou externes et, il faut bien le reconnaître, avec efficacité. Depuis notre installation dans le pays, nos efforts ont porté sur la conservation de certaines essences et sur l'importation d'autres. C'est ainsi que la plupart de nos postes ont leurs rues et avenues transformées en boulevards et squares à la suite de plantations faites des arbres tels que le Caïlcedrat, le N. Tabai, du Lilas du Japon, le Nété-Téré.

Enfin disons aussi que l'on rencontre dans la brousse des arbres fruitiers dont les fruits sont loin cependant d'avoir la saveur des fruits des pays tempérés.

V

ÉLEVAGE

Dans le Kollou et le Kaarta, surtout dans cette dernière région, se trouvent de nombreux troupeaux de bœufs et de moutons qui servent aux besoins du Cercle. Celui-ci, malgré sa grande consommation peut se suffire.

Race bovine. — La race mandingue est de petite taille, de robe brune et à cornes noires à leur extrémité, divergentes en arc ou en lyre. Les vaches donnent très peu de lait. Le poids moyen de viande donnée par un bœuf est de 50 kilogs environ. Se paye 30 à 40 francs. La viande est assez bonne surtout vers la fin de l'hivernage.

Race ovine. — La race croisée maure que l'on trouve dans le Kaarta. Moutons très grands à laine passable, donnant 8 à 10 kilos de viande assez bonne, bien supérieure à celle des moutons maures (6 à 8 kilogs environ). La race mandingue, très bonne viande, 6 à 10 kilos. Les moutons dits de case, élevés et soignés spécialement pour les fêtes de la Tabaski sont superbes (pas de prix).

Race caprine. — Très petite, donne très peu de viande et peu de lait, 4 à 6 kilos.

Race chevaline. — Race maure ou peulhe qui se trouve dans le Kaarta, taille de 1^m35 à 1^m40, très douce et rustique, supporte admirablement les fatigues (valeur, 300 à 450 francs). Les ânes, très petits, assez rares, 70 francs environ.

VI

FAUNE

On trouve presque tous les animaux :

Le lion sans crinière (Nord du Fouladougou et Kaarta).

La panthère très commune dans tout le Cercle. Le chat tigre. Lynx. L'hyène, très commune. Chacal, bœuf sauvage, sanglier, phacochère. Éléphant (Nord du Fouladougou Arbala, Kaarta, Kollou), peu nombreux. Hippopotame (Bakoy, Bafing). Boa (rare), serpent vert et serpent noir (venimeux). Crapauds, lézards. Antilopes, biches. Lièvres, cynocéphales, singes verts et pleureurs.

Insectes. — Fourmis, manian (morsure douloureuse), termites, très grande quantité. Sauterelles. Criquets.

Nombreux et beaux papillons, scorpions, mille-pattes.

Oiseaux. — Aigles, éperviers, vautours charognards, nombreux échassiers, outardes, pintades, perdreaux gris, poules de rocher, canards, perruches, perroquets, nombreux oiseaux à beau plumage.

Animaux domestiques. — Chiens, chats, cochons poules pintades, pigeons, canards.

Poissons. — Très nombreux et bons, surtout le capitaine qui est une espèce de brochet.

VII

COMMERCE, MONNAIES D'ÉCHANGE

ROUTES COMMERCIALES

Produits d'exportation. — Le Cercle ne fournit pas pour ainsi dire de produits d'exportation : quelques défenses d'éléphants, très peu de caoutchouc.

Produits d'importation. — Étoffes européennes, guinée bleue et calicots de toutes couleurs, couvertures bariolées, verroterie, colliers, perles, sel marin et surtout le sel du Sahel. Poudre, cordes, quincaillerie, absinthe, kolas en grande quantité.

Monnaie. — Pièces de 5 francs (doromé, daléci); 1 franc (tama); 0 fr. 50 (tanca).

Routes. — La principale est la route de ravitaillement. Badumbé, Kita, Bamako, Koulicoro, dont l'importance va augmenter par la mise en exploitation de la voie ferrée.

Les principales routes suivies par les caravanes sont :

Nioro, Niantankoura (bac), Kita;

Kita, Noya (bac), Saladougou;

Kita, Bangassi, Kondou, Bamako;

Kita, Gombou;

Kita, Siguiri.

Le chemin de fer est exploité actuellement jusqu'à Toucoto; il sera à Kita en 1901 et à Bamako en 1904.

VIII

ÉCOLES

Il existe à Kita une école officielle, celle des Pères du Saint-Esprit. Les élèves internes sont choisis parmi les fils de chefs et notables, elle est aussi fréquentée par des externes. Cette école fonctionne conformément à l'arrêté du 28 janvier 1899. En dehors des heures de classe, les élèves sont exercés à la culture et quelques-uns sont familiarisés avec les travaux manuels afin d'alimenter les écoles manuelles d'apprentissage de Kayes. En outre, une école dite de Cercle fonctionne au poste même, un sergent en est généralement l'instituteur. Dans les villages musulmans du Cercle, quelques enfants apprennent dans les « tobbas », les principes religieux du Coran et quelques notions d'arabe. Les lettrés sont très rares et pour ainsi dire, il n'en existe pas; le vieux marabout Mory Moussa, chef du village de Morybougou, d'une grande sagesse, est le seul pouvant être considéré comme tel, ainsi que son frère Soriba Cissé.

VII. — École des Fils de Chefs.

IX

DIVISIONS ADMINISTRATIVES

Milice. — Police.

Le Cercle est placé sous le commandement d'un officier ou d'un administrateur qui prend le titre de commandant de Cercle et qui est chargé de l'administration. Le territoire est divisé en cantons correspondant aux anciennes provinces. Le canton lui-même est commandé par l'ancien chef de province (Capotigi) et comprend un certain nombre de villages ayant chacun à leur tête un dougoutigi.

Le village se subdivise en groupes de cases ou familles dont le chef (loutigi) est responsable de son personnel. Le chef de canton est l'intermédiaire direct du commandant de Cercle avec les chefs de village. C'est à lui que l'on s'adresse pour tous les besoins du Cercle ou les communications à faire aux chefs de village. Ces derniers sont chargés de rassembler l'impôt et de l'apporter au Cercle; les chefs de cases sont responsables envers lui. Malheureusement, la plupart des chefs sont vieux, infirmes et incapables. Il est à désirer que l'on puisse bientôt les remplacer par des gens capables et possédant de l'autorité au lieu de leur donner comme successeurs leurs héritiers directs.

Le Cercle comprend les cantons suivants :

Baniakadougou — Birgo — Bokhé — Fouladougou Arbala, Fouladougou Saboula — Gadougou — Gangaran — Kaarta Biné — Kankoumakania — Kita — Kollou.

Organisation de la milice. — La milice comprend deux classes, la première forte de cinquante hommes, plus onze garde-cercles. La deuxième, comprend également deux classes, forte la première de cinquante hommes, la deuxième de cent cinquante.

Tous ces hommes sont d'anciens tirailleurs. Ils peuvent être réunis en vingt-quatre heures. L'armement de la première classe est au poste.

Police. — Elle est assurée par un brigadier garde-cercle, dix gardes, un commissaire de police, deux agents de police.

X

CONCLUSIONS

Le Cercle de Kita jouit d'une certaine aisance. Le taux de l'impôt qui au début n'était que de 1 franc et 1 fr. 50 par tête a pu être porté à 2 et 3 francs.

Les villages situés sur la ligne de ravitaillement trouvent dans la vente de leurs produits (lait, œufs, poulets), aux passagers des convois, certains bénéfices. En outre les travaux du chemin de fer qui emploient de nombreux ouvriers procurent également des bénéfices aux villages traversés.

L'impôt en 1900 était de 110.000 francs. En y ajoutant les recettes diverses (patentes, marchés, bacs) qui s'élèvent à 20.000 francs environ on aura un budget de 130.000 francs. Ce bien-être actuel ne fera qu'augmenter, car lorsque le chemin de fer fonctionnera, les habitants pourront écouler plus facilement leurs produits et par suite augmenter leurs matières d'échange.

IIe PARTIE

I

DES MALINKÉS — MŒURS — COUTUMES INDUSTRIE — CARACTÈRE

Le Malinké est doux, peu batailleur, mais, comme les autres noirs, paresseux et menteur. De belle taille et de grande force musculaire, il travaille néanmoins ses lougans dont les produits lui servent pour payer l'impôt et faire des échanges. Le Malinké est courageux, l'histoire du pays le prouve. Il est insouciant, très sobre, vit au jour le jour, ne pense jamais au lendemain. Il passe toute la journée assis ou plutôt accroupi devant sa case à causer avec ses voisins ; très attaché à son village, dès qu'il peut y revenir, il le fait.

La femme Malinkée est, comme dans les autres races noires, un objet ; elle ne jouit d'aucune considération et est absolument la chose du mari qui, du reste, l'a achetée ainsi qu'une marchandise. Le Malinké la brutalise moins que les autres noirs, et une fois mère, les enfants la respectent. Employée à tous les travaux les plus durs, elle est considérée par le maître et mari comme la domestique de confiance.

4

II

ÉTAT SOCIAL

Comme dans tout le Sénégal, on trouve deux classes d'individus : les hommes libres et les non libres.

Les hommes libres étaient autrefois des guerriers et sont, aujourd'hui que leurs guerres sont terminées, presque tous agriculteurs, car l'agriculture est en grand honneur et au moment de la préparation des lougans, ils quittent tout pour aller les surveiller. Il y a aussi parmi eux des griots et des artisans.

Les dioulas (commerçants) sont rares, presque tous étrangers.

Les griots vivent d'aumônes et de dons ; ils sont dévoués à ceux qui les payent bien. Ils font danser avec leurs instruments « balafons, flûtes, bambous » et chantent les louanges des chefs. Ce sont les troubadours du pays, ils ne font aucun travail manuel.

Les artisans comprennent 4 catégories : Les forgerons. — Les ouvriers en cuir. — Les ouvriers en bois. — Les tisserands. — Il y a en outre la caste des pêcheurs ou Somonos.

Les non libres comprennent « le captif de case » qui fait partie de la famille et qui lui-même peut avoir des captifs et ne peut être vendu. Généralement ils ne veulent pas quitter leur maître;

Le captif de guerre ou de lougan qui provient des pri-

VIII. — Didi, Griot, Crieur public à Kita.

ses et qui, arrivé jeune dans le pays, a été élevé avec les enfants de la case ;

Le captif de traite qui lui est très malheureux, tant qu'il n'a pas trouvé d'acheteur ; ce dernier ne se trouve plus dans les régions pacifiées.

III

RELIGION, SUPERSTITIONS

Le Malinké est fétichiste et reste attaché à la religion de ses pères. Superstitieux comme presque tous les noirs, ayant une croyance très ferme dans les génies, les sorciers et se protégeant contre tous les maléfices par des amulettes ou gris-gris. Ces gris-gris sont d'une telle variété que leur poids dépasse quelquefois plusieurs livres. Ils guérissent de tous les maux, préservent de tous les dangers, assurent les réussites. Les gris-gris sont vendus par les marabouts et les féticheurs qui en font une source importante de revenus en exploitant la crédulité des indigènes.

Les fétichistes consultent fréquemment les féticheurs et même les marabouts, ils font aussi des sacrifices d'animaux qui, généralement, se terminent par des orgies. Ils ne croient à aucune divinité et pour eux la maladie n'est due qu'aux sorciers ou à de mauvais sorts jetés par leurs ennemis. Quand, par hasard, ce qui est très fréquent, le gris-gris n'a pas donné le résultat voulu, ils se contentent de dire que le gris-gris « n'y a pas bon ». Leur religion n'est qu'un ensemble de grossières croyances. Il m'est arrivé d'avoir à traiter de nombreux cas de justice où toujours les sorts étaient causes des crimes ou vols commis. Dans le cas de crime, ils nient toujours l'avoir commis eux-mêmes, c'est le gris-gris seul qui a tué, de même pour les vols, c'est le gris-gris qui a volé. Malgré les menaces et les preuves évidentes, on ne peut obtenir aucune autre explication.

Il m'est une fois venu un chef de village accompagné de notables pour se plaindre du soi-disant sorcier qui voulait les tuer. Je leur donnai un morceau de papier portant mon cachet, leur affirmant que ce gris-gris chasserait le sorcier. Tous sont partis contents et ne sont plus revenus. Ces faits montrent à quel point on peut tirer parti de leur crédulité.

Tous les phénomènes de la nature sont expliqués de la même manière. Ainsi l'éclipse de lune, « Djakouma Kalo méné » (chat lune mangé) n'est autre chose qu'un chat (Djakouma) malfaisant qui veut manger la lune Karo (en bambara Kalo), la prenant pour un appât des plus exquis. Pour empêcher que les nuits soient toujours obscures, dès l'apparition de l'éclipse, les noirs sortent aussitôt de leur case, frappent à grands coups redoublés sur leur tam-tam en criant : Djakouma yé Kalo méné ! Ce bruit infernal ne prend fin que lorsque la lune a reparu. Le chat, pour cette fois encore effrayé, l'aura épargnée.

Les éclipses de soleil sont le présage d'une guerre entre deux grands chefs ou de la mort d'un personnage important, « Fama foula bé » (rois deux rencontrés). Les tremblements de terre ont aussi une explication non moins bizarre : « Quand on prête on est menacé de mort, si la « chose prêtée n'est pas vite rendue. Celui à qui l'on a « prêté, doit aussi mourir s'il restitue le bien d'autrui. » Tel est le priccipe qui a donné lieu à la légende suivante : Il arriva que dans l'origine des temps, un homme de cœur pour rendre service à son ami lui prêta des cauries (1), mais sachant qu'il allait mourir si l'ami ne les lui rendait

(1) Petit coquillage servant de monnaie.

pas, il les lui réclama. L'ami refusa, le même sort lui étant réservé s'il restituait le bien d'autrui. D'où lutte entre les deux amis. Cette lutte fut, paraît-il, si terrible, que le sol trembla, ne put résister au choc et les engloutit tous les deux. De temps en temps, la lutte recommence dans le sein de la terre et à chaque coup de poing, l'effroi est tellement grand que le monde terrestre en tremble. Cette lutte durera jusqu'à la mort de l'un des deux combattants.

IV

JUSTICE

Les mœurs sont insensiblement les mêmes que chez les autres races noires. La justice était autrefois rendue par le Fama qui rendait son jugement d'après la position occupée par les poules qu'apportaient les initiés pour le sacrifice. Elle l'est aujourd'hui par le chef de village avec appel au chef de canton et en dernier ressort par le commandant de Cercle dont les décisions sont généralement respectées. A chaque chef-lieu de Cercle est institué un tribunal indigène composé de chefs et de notables et quelquefois assisté d'un cadi ; ses décisions sont communiquées au commandant de Cercle qui les fait exécuter.

Avant notre arrivée les peines étaient l'amende, les fers, les coups de corde, l'ablation de la main droite, des oreilles, la mort. Aujourd'hui elles ne comprennent plus que l'amende et la prison.

V

MARIAGE. — DIVORCE

Le mariage dans tout le Soudan consiste en l'achat d'une femme par un homme, achat ou dot dont la valeur est débattue par les familles.

Cette dot qui varie de 200 à 300 francs n'est pas généralement payée au comptant, une partie est ordinairement versée au moment des fiançailles, le restant après la consommation du mariage. Le mariage est souvent conclu avant la nubilité de la femme, quelquefois même des deux contractants (1). Pour des motifs de maladie, les fiançailles peuvent être annulées, la dot est alors rendue s'il est reconnu que la maladie n'a pas été contractée par la jeune fille en habitant dans la famille de son futur. De nombreux cadeaux précèdent le mariage; le chef de famille peut seul l'autoriser. Cette union donne toujours lieu à des fêtes et la consommation est surveillée par un griot et annoncée au public par des coups de fusil. Les réjouissances dégénèrent souvent en orgie. Une fois mariés, les époux doivent nourrir, élever et entretenir leurs enfants.

La femme est la propriété du mari, elle lui doit obéissance et travaille pour lui. Les travaux qu'elle peut faire

(1) Les indigènes sont généralement, avant leur nubilité, circoncis et excis. Les forgerons et leurs femmes pratiquent grossièrement cette opération qui donne lieu à des réjouissances et mascarades.

dans ses moments de loisirs sont sa propriété propre. Un homme libre peut se marier avec une captive, le contraire n'existe pas. La femme captive mariée à son maître devient tara, mais n'est libre qu'à la naissance d'un enfant. Les captifs de case peuvent se marier entre eux, les enfants appartiennent toujours au maître du mari.

Le mariage ne peut être dissous que par décès ou divorce. Les cas de divorce sont nombreux et le tribunal indigène apprécie s'il y a lieu de l'autoriser. Si le divorce est prononcé en faveur de la femme, la dot est conservée par sa famille. Dans le cas contraire la famille doit rendre la dot au mari. Une femme divorcée, même ayant tous les droits pour elle, ne peut réclamer à son mari aucune indemnité pour le travail ni pour avoir cohabité avec lui. Les enfants sont toujours au mari, néanmoins la femme doit les conserver jusqu'après l'allaitement. L'enfant d'une femme reconnue enceinte au moment du divorce est au mari.

Tous les noirs sont polygames, la première femme est la plus considérée : c'est elle qui commande aux autres. Tous les enfants sont libres, mais ceux de la première femme ont la priorité dans les successions. Chez les fétichistes, les femmes ne peuvent hériter, mais les biens acquis par leur travail personnel leur sont conservés. La ligne collatérale ascendante hérite toujours la première, la ligne descendante vient après son complet épuisement. Le frère aîné de même mère d'abord, le cadet ensuite. Les héritages ne sont partagés entre illégitimes qu'à défaut de légitimes. Les maris des filles, en dernier lieu, peuvent hériter. Le règlement des successions donne généralement lieu à de nombreuses contestations et dure souvent plusieurs années. Les captifs peuvent hériter mais leurs biens ainsi acquis sont la propriété du maître à leur mort. Tout héritier doit payer les dettes de la succession. Ne peut hériter tout membre de la famille convaincu de mauvais traitements. Toute succession en déshérence revient au chef du pays, c'est-à-dire aujourd'hui, à la colonie.

VI

DÉCÈS

Le culte des morts n'est qu'un vain mot chez les Malinkés et les Bambaras. Même chez les Musulmans d'ici l'on ne reconnaît pas le vrai mahométan qui, lui, entretient ses tombes et conserve le souvenir. Dès le décès, le mort est enveloppé d'un linge généralement blanc et enterré dans la case (les cimetières n'existent que là où se trouvent des Européens).

La famille et les amis du défunt sont prévenus du décès par l'héritier et convoqués aux funérailles. Celles-ci consistent en fêtes et orgies. L'on tire de nombreux coups de fusil et le tam-tam fait fureur pendant huit jours, de grosses calebasses de couscous et de dolo sont offertes aux invités.

L'héritier, le frère aîné, distribue à chacun les cadeaux désignés par le défunt et au bout de huit jours lui-même prend le titre de chef de famille. S'il y a une veuve, elle doit rester trois jours la tête recouverte d'un voile et ne pas se montrer. Quand par hasard elle sort de la case un bruit de tam-tam prévient et l'on doit se cacher. Celui ou celle qui apercevrait son visage durant ces trois jours, devrait mourir sous peu.

VII

HABITATION

Les cases Malinkées sont en banko (terre argileuse battue), de forme ronde et recouvertes d'une toiture

IX. — Coupe de Case Malinkée.

conique en paille; jamais de fenêtres, une ou deux portes. Chaque habitation comprend plusieurs cases suivant l'importance de la famille et est entourée d'une clôture en nattes. Dans cette enceinte trouvent place, les chevaux, la vache, le mouton de case (mangé à la tabaski) et quelquefois, quand l'espace le permet, la terre non couverte est transformée en un petit lougan de maïs. Aucun ordre, aucune symétrie dans les constructions ni dans l'ensemble de l'habitation, aussi l'œil n'est-il pas agréablement impressionné.

Les murs intérieurs sont généralement blanchis à la chaux indigène ou avec une terre de couleur blanchâtre. La case principale est souvent précédée d'un hangar où les femmes pilent le mil ou filent le coton à l'abri de la pluie et du soleil. Quelquefois une véranda en paille est à l'entrée de la case. A l'intérieur, plusieurs calebasses, des canaris ou urnes en terre cuite, un tara (lit indigène en osier) et souvent un moustiquaire.

VIII

COSTUMES

Les enfants sont nus ou à peu près jusqu'à leur nubilité; un simple morceau de toile de dix centimètres de large attaché à une ficelle par devant, passant entre les jambes et rèpassant par la ficelle attachée à la ceinture pour retomber par derrière, cache à peine les parties sexuelles; quelquefois l'étoffe a de 0.10 à 0.25 et forme un double tablier. Dès la nubilité, les vêtements comprennent pour les hommes un pantalon descendant à mi-jambe, un boubou court et un bonnet à trois pointes. Les effets sont souvent de véritables haillons dont on ne peut définir la couleur. Les Musulmans et les Peulhs portent le pantalon long, le boubou très étoffé et une calotte blanche entourée souvent d'un turban. Les femmes portent un pagne enroulé autour de la taille et celles des classes aisées un boubou. Les femmes portent leur enfant dans le dos en le tenant avec un morceau d'étoffe attaché sur les seins, ce qui explique la rapide disparition de leur forme.

IX

NOURRITURE. — ALIMENTATION

Le mil réduit en farine (travail fait par les femmes qui écrasent cette graine avec un très long pilon dans un récipient en bois) est la base de l'alimentation. Cette farine est assaisonnée d'huile d'arachides, d'oignons, de beurre de karité, de piments et de différentes herbes, de jus de viande quelquefois. Le riz indigène qui est très bon est souvent employé. Ils sont très friands de sel. Les Musulmans ne boivent que de l'eau, tandis que les fétichistes font usage de dolo (boisson fermentée faite avec le gros mil). Leurs préparations sont appelées « baci » et « to ». Ils préparent également des gâteaux frits dans le karité appelés « momiés ». Ils sont très friands de maïs grillé sur la braise et de poissons secs.

X

LANGUE. — ÉCRITURE

Les Malinkés, Bambaras, Toucouleurs et Peulhs, ont chacun une langue propre qui n'a pas d'écriture. La langue Mandingue qui aujourd'hui est parlée presque partout n'est pas très difficile à apprendre, les mots sont simples et faciles à retenir. Les dialectes malinkés et bambaras ont beaucoup d'analogie. Le lexique est le même à peu près. Quelques lettres seules sont changées et les Bambaras suppriment quelques sons. Le Bambara est plus énergique, plus bref, le Malinké est plus doux plus chantant. En outre, chaque province, même chaque village, a des particularités propres. Ils retiennent assez bien notre langue.

XI

INDUSTRIE

Comme dans les autres régions l'industrie est peu développée. Les forgerons *noumou*, quoique roturiers sont estimés. Assez habiles ils copient facilement. Ils fabriquent des fusils à pierre, des instruments de culture, des chaînes, quelques-uns sont assez adroits en bijouterie. Ils extraient le fer du minerai et construisent eux-mêmes des hauts fourneaux très primitifs.

Les cordonniers travaillent bien le cuir. Pour tanner la peau, ils la mettent à tremper pendant trois jours dans de l'eau, dans laquelle ils ont mis de la poudre d'écorce du Bana (fromager) ou encore du Djala (caïlcedra), etc... La peau ainsi tannée n'est ni bonne, ni très souple et surtout pas imperméable. Tous les artisans arrivent vite à copier un modèle. Poussés, ils arriveraient vite à bien faire. Les tisserands font de jolis pagnes et couvertures.

Préparation d'un lingot d'or. — Le forgeron qui est bijoutier à l'occasion est assez adroit; avec des outils en fer, fabriqués par lui-même et par suite très grossiers, il arrive à faire d'assez jolis bibelots. Pas besoin d'un atelier confortable, il travaille généralement en plein air. Ses outils se composent de pinces, tenailles, marteaux, enclumes rappelant vaguement les nôtres, d'un soufflet très ingénieux qui mérite une description vu son originalité. Deux peaux de bouc terminées chacune par un tube en fer. Ces deux tubes se réunissent dans un plus gros généralement en terre. Les deux peaux de bouc sont mises en mouvement par un enfant qui, d'un mouvement alternatif de ses mains, fait gonfler ce soufflet. Pour préparer son lingot, le forgeron creuse dans le sol une petite excavation qui servira de foyer. Il fabrique en même temps un petit creuset en terre qui servira de récipient pour l'or. L'or est mis dans ce creuset qui lui-même est placé sur le foyer, fait de charbon de bois : il recouvre l'or de poudre de charbon. Le soufflet est actionné et au bout de quelques minutes l'or est devenu liquide. Prenant le creuset avec la pince, il en verse le contenu dans une rigole qu'il a creusée dans une brique (c'est le moule) il laisse refroidir et lui donne ensuite à coups de marteau et par réchauffement la forme voulue, généralement celle de l'anneau.

L'or ainsi obtenu n'est pas brillant. Pour le nettoyer l'opération est peu compliquée. Dans un récipient en terre (canaris) il fait fondre dans un peu d'eau des fruits du tamarinier. Il jette ensuite son morceau d'or et l'y laisse un moment. Sur le feu est placé un autre récipient contenant de l'eau, de la poudre de corne brûlée et du savon. Il trempe alternativement l'or dans ces deux bains et une fois brillant le jette dans l'eau froide. Pour l'argent, l'opération du nettoyage ne se fait que dans le bain de tamarin.

Teinture. — *Indigo*. — La feuille de l'indigo, une fois mûre, vers le mois d'octobre, est mise à sécher à l'ombre pendant deux jours et un troisième au soleil. Elle est alors broyée sur une pierre, puis placée dans un canaris (1) où on la mélange avec de l'eau dans laquelle est

(1) Récipient en terre cuite en forme de marmite renflée.

délayée de la cendre d'arbuste « kouna ». On laisse reposer pendant cinq jours. Si le liquide est alors couleur indigo, il est prêt à être employé. On le laisse encore reposer pendant trois jours, puis on ajoute un mélange d'eau de cendre de kouna et de l'eau ordinaire dans la proportion de deux pour un; trois jours après, le liquide peut servir. Si après le premier repos de cinq jours le liquide était clair il faudrait ajouter un peu d'eau, le laisser reposer et ajouter encore un peu d'eau deux jours après et ainsi de suite jusqu'à ce qu'il ait la couleur voulue. Pour teindre une étoffe, on la plonge dans ce liquide pendant plusieurs jours en ayant soin de la sortir chaque jour deux fois, de la rincer dans de l'eau claire et de la faire sécher. Plus l'opération est prolongée, plus la couleur est foncée. Le kouna sert à fixer la couleur.

Jaune-brun. — Pour obtenir cette couleur, on remplace l'indigo par du kalama (feuille et écorce pilées).

Rouge. — Mettre à infuser à froid de la feuille sèche de gros mil dans de l'eau de cendre de bois.

Noire. — Même opération, le mil est remplacé par les résidus du minerai de fer après traitement par le feu.

Beurre de karité. — Les fruits mûrs (juillet) sont séchés au soleil après avoir été dépouillés de leur enveloppe tendre. La noix sèche est ensuite broyée et séparée de la deuxième enveloppe (dure) et mise dans un canaris qui est placé sur un fourneau. Une fois chauds les morceaux sont sortis et pilés puis pétris sur une pierre plate. Rendus en pâte et bien levés, on fait bouillir pour faire fondre. Une fois fondu, le beurre surnage, les matières étrangères restent au fond du canaris. Le beurre est recueilli et mis à refroidir dans des calebasses. Il a la

X. — Sénégal aux basses eaux. — Kayes.

couleur blanc sale. Pour l'épurer il suffit de le faire refondre et de jeter dessus de l'eau froide.

Huile d'arachides. — L'arachide est dépouillée de son enveloppe, pilée, puis une fois réduite en poudre placée dans un canaris percé de petits trous que l'on met sur un autre canaris contenant de l'eau en ébullition. La vapeur d'eau pénètre dans la pâte et la fait gonfler. La pâte est ensuite pressée pour en extraire l'huile. Elle est épurée de la même manière que le beurre de karité.

Savon. — On brûle des tiges de mil et la cendre est mise dans un canaris percé. On jette dessus de l'eau que l'on recueille dans un autre canaris. On la fait bouillir jusqu'à ce qu'elle ait réduit de moitié. On y mélange du karité, on remue bien et une fois réduit en pâte on laisse refroidir. Le savon est alors fait.

Dolo. — On met à tremper du gros mil dans de l'eau puis on y jette dessus de l'eau pour le laver. Le mil est ensuite étendu à terre, on l'arrose jusqu'à ce qu'il pousse. Il est alors remis dans un panier, relavé et séché au soleil. Une fois sec on le pile pour le réduire en poudre. Cette poudre est mise dans un canaris contenant un peu d'eau, on la remue et on y met quelques feuilles de baobab pilées et on remplit d'eau le canaris. Une fois la poudre déposée au fond du canaris, l'eau est mise dans un autre récipient. La pâte est mise à cuire, replacée dans la première eau et on filtre. Cette eau est bouillie puis mise à refroidir. On y jette quelques morceaux de corde pour opérer la fermentation. Le dolo est alors fait.

IIIᴱ PARTIE

I

ORIGINES HISTORIQUES DES MALINKÉS DU CERCLE

HISTORIQUE DES PROVINCES

Le Malinké fait partie de la race Mandingue qui comprend également les Bambaras et les métis des Peulhs, les Sonninkés, Sarakolés, Markas. Les Malinkés sont répandus dans le Bambouck, le Bouré, le Ouassoulou, Fouladougou et forment la plus grande partie de la population du Cercle de Kita. L'étude détaillée de la famille Mandé a' été faite par Binger, aussi n'étudierons nous dans cette partie que les origines historiques ayant trait à leur immigration dans le Cercle.

KITA

Le pays de Kita a pour limites : à l'ouest le Bakoy, à l'est le Bading-Ko, au nord le joli marigot de Diéli Kebafata, le Kegnéko et une ligne conventionnelle allant au Bading-Ko. Au sud, il est séparé du Birgo par une autre ligne fictive.

L'ensemble de la région présente une vaste cuvette entourée de hauteurs peu élevées dont le massif de Kita occupe le centre. Ce massif est granitique et isolé. Le plateau supérieur (600 mètres) est très accessible. Il est très découpé et présente plusieurs gorges. Il est surmonté de pics dont le plus haut atteint 640 mètres (au-dessus du niveau de la mer). Du sommet on a un horizon très étendu ; plusieurs citernes naturelles s'y sont formées dans le roc et sont pleines d'eau. Un étage de la montagne est cultivé. Cette montagne devait certainement servir de refuge aux habitants lors de leurs guerres intestines.

Il n'existe que quelques marigots allant se jeter dans le Bakoy. La population est de race Malinkée, tranquille et travaillant assez les lougans. — Aucune industrie ; Cette région a toujours été exploitée par les guerriers voisins, aussi est-elle peu peuplée. Les habitants sont presque tous fétichistes, les musulmans se sont rassemblés au village de Morybougou. Les villages de Kita sont situés tout autour du massif. Kita même comprend les villages de Morybougou, Makaïambougou, Tounkarella. De belles avenues d'arbres presque toujours verts, de jolies gorges rendent Kita très pittoresque. C'est un centre qui gagne chaque année depuis notre arrivée. Le commerce y est actif et la création de marchés régionaux y attire les habitants des provinces voisines. Il a été fait, au 14 juillet, un essai de concours régional. C'est à Kita qu'a été construit en 1880-1881 un fort très important pour l'époque, pour servir de base aux opérations de pénétration dans l'intérieur.

Kita est le chef-lieu du Cercle. C'est également un point de croisement des routes de Nioro, Sokolo, Bamako, Siguiri, Médine. On cultive en grande quantité le mil, un peu de coton, du tabac. On y fabrique du savon noir. Les habitants non musulmans boivent du dolo et s'enivrent assez souvent. Ils aiment danser au son du balafon et ne rien faire. A Kita se trouve la mission des Pères du Saint-Esprit qui ont environ cinquante élèves. Les Pères ont de beaux jardins potagers et ont essayé l'année dernière une plantation de céaras qui viennent très bien. Au poste il y a également de très beaux jardins où viennent tous les légumes de France, il y a également des citronniers, des goyaviers, manguiers et de nombreux bananiers. Peu d'eau malheureusement, des puits de 4 à 5 mètres de profondeur finissant presque par tarir à la fin de la saison sèche. On pourrait certainement en amener en abondance du marigot de Kayaba qui coule à deux kilomètres environ et n'est jamais à sec, ou du massif; les dépenses ne seraient pas excessives. Le village de Morybougou est habité par les Musulmans, peu fanatiques d'ailleurs.

A Kita se trouvent également un bureau des Postes et Télégraphes et une infirmerie avec local pour les indigènes. Ce sera également, d'ici peu, une station des chemins de fer.

Historique. — Rien n'est bien précis sur les premiers habitants. Il paraît que le fondateur de Kita serait

« Diouna » chef de la famille des « Toun-Kara » ; il serait venu de « Ougadougou » (Goumbou). Le premier des « Kéïta » « Gundiaka » habitait alors le Manding. Chassé de son pays par Guinangourou, chef de la famille des Kanté, il vint demander du secours à Diouna et ils allèrent ensemble déclarer la guerre à Guinangourou qui vaincu dut s'enfuir et se réfugier à Koulikoro où il mourut. D'après la légende, ce Guinangourou ne serait pas mort et habiterait une caverne inaccessible d'où il se ferait entendre dans les circonstances graves. La montagne porte en effet le nom de Guinangourou-Kourou.

Gundiaka retourne dans le Manding et Diouna rentre dans le Ougadougou, mais en route il s'arrête dans le pays de Kita et fonde le village de Sédiousala à l'emplacement actuel du fort. Vers la même époque Siémantalaba, chef de la famille des Kamara habitait Bérénimba. Ayant acquis une grande renommée pour la richesse et la grande fertilité de ses champs, Siémantalaba vint fonder Fataji (Boudovo actuel) et conclut un traité avec Diouna qui créa Linguekoto dont il fit sa résidence. Kemoho-Nia, Makan Kéïta, fils de Sundiaka, attiré également par la fertilité du sol vint fonder Kayaba ; il est bientôt rejoint par son frère Siétigui Kanouma qui fonde Benkho. Des alliances étroites se firent bientôt entre les familles des Kamara, Tounkara et Kéïta. Siétigui se marie avec la première fille de Siémantalaba dont il a trois fils, Ganda, Tanou Madiré et Kankourou qui furent les véritables fondateurs de la famille des Kéïta et la placèrent au premier rang.

Ganda Kéïta eut un règne pacifique, ses frères au contraire sont considérés comme de grands guerriers. Ils luttèrent contre le Birgo et le Fouladougou et imposèrent de dures contributions de guerre disent les griots. Cela est peu vraisemblable.

Sous Ganda Kéïta, les Malinkés avaient occupé pacifiquement une partie du Birgo jusqu'au moment ou Kalidian, le premier des Sankaré, vint dans le Birgo. Kalidian fonde Sintan, et s'allie avec les Foulahs de l'Arbala. La réunion de ces deux races guerrières contre une pacifique remporta de rapides succès. Les Malinkés, obligés de fuir, abondonnèrent définitivement le Birgo. Kankourou père de Kalfadian remporta de grandes victoires dans le Gangaran; les habitants soumis auraient fait colonne avec lui contre les Bambaras de Bô.

Les autres chefs du pays de Kita ont été Nan Guimba et Makadian sous lequel il y eut une invasion de Bambaras de Ségou. C'est à cette époque que le père de Makadian Nay Fadiala alla fonder dans la montagne le village de Kétaba. Du temps d'Alpha, Mahado Dié remplaça Makadian. Les Malinkés refusent la bataille et apportent à Alpha des cadeaux. Alpha épargne le pays. Mahado Dié a pour successeur Makhadougou, Fanta, Soriba Silala, et enfin Kankouba Modi Kéïta, chef actuel de Makaïambougou. Le seul chef qui mérite d'être cité est Torontou, chef de Makaïambougou, frère de Kankouba Modi Kéïta qui était le vrai chef du pays. Toute sa vie il fut écouté et consulté. C'est lui qui comprenant l'avantage de notre occupation appela à lui le colonel Borgnis-Desbordes et lui facilita la prise de Goubanko.

BANIAKADOUGOU

Cette région ne présente rien de particulier, elle ressemble à celle de Kita ; elle est assez boisée. Le terrain est ferrugineux, il offre quelques ondulations. Les montagnes de composition granitique sont taillées à pic. Pas de cours d'eau, quelques grands marigots dont certains conservent de l'eau pendant toute l'année. Ils sont peu praticables en hivernage, sauf en pirogue. Plusieurs ponts en bambou permettent de les franchir en saison sèche. L'eau y est très limpide, le sol formant filtre.

Les principaux marigots sont le Badinko qui vient de Guimbaya (Kollou) passe à Sanfinian (Bokhé) et passe dans le Baniakadougou à Fanjakouta pour se jeter dans le Bafing au nord du Kankoumakania entre Diba et Diakata. Pas de routes, de simples sentiers viables, traversés par des rochers et très fatigants pour les chevaux.

Les Malinkés de la famille Taraoré et Nomoko sont les seuls habitants du pays. Tous sont fétichistes, de mœurs tranquilles. On rencontre chez eux quelques tisserands et forgerons. Les villages sont très peuplés et très rapprochés les uns des autres. Le pays est très fertile, on y fait l'élevage des bœufs et des chèvres. Le sol est très productif, les habitants font beaucoup de mil et de riz. Ils cultivent l'arachide en grande quantité.

Les lougans de coton, de tabac, de patates, d'ignames occupent de grands espaces.

Historique. — Cette province n'ayant pris qu'une faible part aux guerres qui ruinèrent tout le pays, possède peu de traditions. Le fondateur de la famille des Taraoré du Baniaka-dougou fut Tira Makan du Manding. Abandonné de ses frères, il vint dans la vallée du Bakoy essayant en vain de s'établir dans le Gadougou. Toujours repoussé il continua le long de cette vallée et arriva à Noya. Là, il franchit le fleuve et trouva un pays abandonné. Cette région était occupée par les Nomakas qui avaient été soumis par les Tiabo du Kollou. Tiva Makan put donc construire un village sans lutte, il l'appela Tira Makan Batiguédougou (gué de Tira Makan). Tira avait laissé à Noya ses fils Santigui Makan qui fonda Noya et Sani Niarga. Ce dernier jeta les bases de Benkho.

Bien abrité par le fleuve, Tira Makan fit de nombreuses incursions dans la province de Kita, rançonna plusieurs villages, prit des captifs dont il fit des guerriers exercés. A la tête d'une troupe importante, il poussa jusque dans le Cayor où il laissa beaucoup des siens. Les griots racontent même que les familles des Mane-Sane, Diop Ly que l'on trouve dans cette région sont des descendants des Taraoré Makan. Il revint ensuite sur ses pas, se dirigeant vers le Manding, mais il mourut en route à Kéradougou. Ses gens se dispersèrent après avoir fiché leurs flèches en terre. La légende dit que ces flèches se transformèrent en une immense forêt de bambous. Tous les Taraoré de cette province sont des descendants de Santigui Makan et de Sani-Niarga qui furent tous deux les chefs du pays et vécurent en bonne intelligence.

A la mort de Santigui, Niarga resta seul chef du Baniakadougou. Ses successeurs restèrent dans l'obscurité jusqu'à l'avènement de Niama Bandia qui eut à résister contre Alpha et dut s'enfuir. Poursuivi, Niama Bandia réunit tous les chefs du village, puis entouré de griots et d'un grand nombre de femmes il apporta de nombreuses calebasses de vivres à son vainqueur. Tous se précipitèrent aux genoux d'Alpha, implorant sa clémence. Il accepta leur soumission dont il profita pour réorganiser son armée. Il se dirigea ensuite dans le Gadougou où il fut vainqueur, en vola les habitants et s'en fut dévaster le Birgo. Les successeurs, à l'exception de Niama qui était chef à notre arrivée en 1880 et signa avec nous les traités de 1881 et 1882, passèrent inaperçus. Ce chef fut destitué et remplacé par Sadio de Biliko, chef actuel. Ce dernier n'a aucune influence, comme la plupart des chefs du reste.

XI. — Chasseur.

BIRGO

Dans son ensemble, le Birgo présente la forme d'un plateau peu élevé, s'affaissant légèrement vers le centre, suivant une ligne médiane sud-nord pour se relever au contraire à ses extrémités et dans la même direction, à l'est vers les montagnes proprement dites du Birgo, à l'ouest vers la vallée du Bakoy, C'est un dièdre concave dont l'arête est dirigée et inclinée suivant la ligne sud-ouest. Les limites naturelles de ce plateau sont du N. N. E. au sud, les monts du Fouladougou Arbala et du Manding dont les hautes arètes bornent l'horizon visible du voyageur, à l'ouest la vallée du Bakoy qui le sépare du Gadougou, au nord le massif de Kita. Le point central du plateau est nettement marqué par le sommet du Kouroudian (que les indigènes nomment Birgo-Kouroudian) (la montagne la plus élevée du Birgo, ce qui est exact). Ce sommet isolé au milieu de la plaine et qui se voit de tous les points du parcours a la forme très caractéristique des entablements rocheux si nombreux dans le pays, vestiges d'un soulèvement relativement récent.

Aux monts du Manding et empiétant sur le plateau dont elles sont les extrémités du N.-E. au sud, viennent se souder les crètes légères qui forment la partie montagneuse du Birgo. L'ensemble de ces crètes a une forme demi circulaire ayant pour centre le Kouroudian et passant par Taliko, Niamafero, Berekegui, Sikoroni, Noumouribougou et Sikorosso. Ces crètes très distinctes les unes des autres et dont les flancs sont généralement abrupts forment autant d'étroites vallées dont les bas-fonds, à la saison des pluies ne sont que mares et marécages. La plus grande mare est celle de N'Togo-Daba qui coupe la route Nokry-Niamafero-Banamasso rendant le passage difficile et même dangereux. Entre Nokry et Niamafero cette mare d'environ 500 mètres de largeur varie de 0 m. 50 à 2 mètres de profondeur. Le fond vaseux oblige le passant à nager, toute monture s'y enfonçant. Le Somina-Ba qui lui succède est, par suite de la force de son courant, également difficile à traverser. En cas de crue, il est prudent d'attendre que l'eau se soit écoulée. Les indigènes prétendent que le N'Togo-Daba étend ses ramifications jusqu'à Ballandougou ce qui est fort admissible, vu la configuration du sol. Il résulte de la pente générale du terrain que depuis Noumouribougou jusqu'à Sitakoto, ces cuvettes, ces mares et marigots se déversent les uns dans les autres pour former au nord de Sanensaba le marigot de Bagabaga ou autrement dit le Badinko.

Historique. — Les habitants du Birgo sont d'origine Foulah, ils vinrent du Fouta Djalon chassés par les envahisseurs. Quatre familles émigrèrent ensemble les Sonkaré, Sidibé, Diakité et Diallo ayant pour chef Kali dian. Tout d'abord ils se réfugièrent à Fendougou, village Malinké sur les bords du Niger. Au bout de quelque temps Kali partit chercher un emplacement pour s'établir à part; pendant son absence, des dissentiments, des méfiances se produisirent ; les Diakité se séparèrent et allèrent fonder le Ouaso-Oulou. Quelques temps après, pour une question de bétail, il eut une querelle avec Toura Makan Taraoré, chef de Sendougou. Kali rassembla ses hommes, en donna le commandement à Hella Sidibé qui, aidé de ses frères Séri Moussa et Samou s'empara de Sendougou, détruisit le village et mit en fuite Toura Makan qui, poursuivi, traversa le Niger et alla s'établir dans le Gangaran après avoir passé le Bakoy à Noya. Kali avait descendu le Niger jusqu'à Badougou, puis pénétré dans le Fouladougou et enfin dans le Birgo occupé par des Malinkés. Ce pays lui plut et il fonda le village de Sintan au N.-E. de Kolenkourounda (village de culture actuellement). Voulant rester maître du pays, il s'allia avec les habitants du Fouladougou et guerroya contre les Malinkés. Il fonda successivement Konofaï, Dalaba et occupa tout le pays où ses gens s'établirent. Peu après, Séri Moussa Sidibé meurt, puis Kali. Les Sidibé étant les plus nombreux prirent le commandement et Hella Sidibé succéda à Kali.

Les Dioulas du Kaarta qui, pendant leur séjour dans le Birgo avaient fait de nombreux cadeaux à Hella Sidibé, ayant été faits prisonniers par les habitants de Diallafoundan (Niger), Hella envoya son fils Mady Sidibé leur signifier d'avoir à relâcher ces Dioulas. Le chef de Diallafoundan Bani Kéïta (Malinké) répondit en faisant massacrer Mady et tous les prisonniers.

Hella appelant à lui les habitants du Fouladougou et du Kaarta, détruisit Diallafoundan et les villages voisins, puis revint ramenant une quantité considérable de captifs que l'on se partagea. Il meurt à Kounégué. Mamary Sidibé lui succède bien que le pouvoir dût revenir à son frère Sory. Chef du pays et de la guerre, il repart avec les mêmes alliés faire colonne contre les Malinkés de Labata et ravage tout le pays. Peu après, il déclare la guerre aux gens de Kiri (est de Niagassola) qui avaient pillé Koukourouni et envoie son fils Solokédian détruire ce village. Kiri est pris, Mamary meurt, son frère Birakédian (chef de Koukourouni) lui succède comme chef de pays, Solokédian restant chef de guerre. Solokédian détruisit Banankoro dont les habitants avaient fait prisonniers de guerre des gens du Birgo qui étaient allés acheter des arachides. Solokédian meurt : il est remplacé par Maligui, petit-fils de Samou. Birakédian meurt peu après : Silakoro Moriba lui succède.

A cette époque, Alpha Boulougué (blanche main) vint à Kita. Les Malinkés le poussèrent à attaquer le Birgo. Alpha refusa, disant que les habitants étaient comme lui Foulahs et qu'il n'avait aucun ordre de son chef El Hadj Omar et invita le Birgo à se joindre à lui mais ce dernier ayant toujours été victorieux refusa. Alpha mit alors le siège devant Bangassi d'où il fut repoussé; il repassa par Kita et envahit le Birgo jusqu'à Mourgoula où il s'établit solidement. Il attaqua ensuite Maligui, le battit à Barabasada et le fit tuer. Les Sidibé se mettent alors avec Alpha et s'emparent de Bangassi, Alpha retourne à Mourgoula où il fait construire un tata très sérieux. Le Birgo se soumet et marche avec lui contre les gens de Mandé. Le successeur d'Alpha ne fut plus écouté. Les mécontents se groupèrent autour de Fodé Sidibé et fondèrent Goubanko d'où ils défièrent les Toucouleurs. Le fils d'El Hadj Omar, Mountaga, attaque Goubanko. Fodé est tué mais Mountaga est repoussé et obligé de rentrer à Mourgoula.

1866. — Moriba Sidibé, grand-père de Kologué, chef actuel du Birgo, fit construire un immense tata dont les ruines sont encore très visibles aujourd'hui. Le pays se trouvait donc partagé entre deux autorités rivales : celle des Sidibé et celle d'Amadou Cheikou (fils d'El Hadj Omar) qui était encore maître de Nioro et de Ségou et dont le représentant, un de ses chefs sofas, s'abritait derrière le tata de Mourgoula. A Kita régnait alors Tokoutay, père du vieux chef actuel Bakary Keïta qui habite Makadrainbougou (Kita). Ces trois chefs se firent naturellement la guerre. Mourgoula voulant détruire Goubanko et Tokoutay le réclamant aussi comme sa propriété légale. Goubanko résista si bien qu'Ahmadou signa la paix avant de se retirer définitivement à Nioro. Tokoutay ne se sentant pas assez fort appela à son aide les populations du Gadougou du Gangaran et du Baniakadougou et vint assiéger Goubanko qui, après un siège de quatre mois, resta vainqueur. Les Malinkés, battus dans le Birgo, battus par les Toucouleurs, battus par tous, décidèrent leur chef Tocoutay à appeler les Français à son aide.

1881. — Le lieutenant-colonel Borgnis-Desbordes traita avec lui, fit occuper et fortifier Kita et assiégea Goubanko qui s'était montré hostile à la mission. Le bombardement du tata dura plusieurs heures et la brèche fut enfin pratiquée au moment où l'on commençait à manquer de projectiles. Les troupes donnèrent l'assaut, la lutte fut longue et acharnée mais au bout d'une heure la ville était en notre pouvoir (1/12 de l'effectif fut atteint, le capitaine Pol fut tué). Beaucoup de défenseurs s'enfuirent vers Mourgoula mais les sofas d'Ahmadou sous les ordres de l'Almamy en firent prisonniers et en massacrèrent un certain nombre. Le reste revint vers Kita, signa la paix d'une façon définitive et l'oncle de Kologué, Samba Sidibé, auquel fut laissé le commandement de la terre de Goubanko fit aussitôt construire le village actuel.

Janvier 1883. — Mourgoula résistait toujours et pillait sans cesse le pays, c'était un foyer d'agitation contre nous. Le lieutenant-colonel résolut alors de le détruire. Kologué Sidibé servit de guide à la colonne qui campa la veille de l'action à Sitakoto. Là, le lieutenant-colonel qui n'avait pas beaucoup de vivres fit envoyer en cadeau au chef sofa cent pièces de guinée et des barres de sel lui demandant en retour des bœufs et du mil à titre remboursable et lui assurant qu'il ne venait point lui faire la guerre. Les denrées furent fournies, mais, le lendemain matin, le tata se trouvait entièrement sous les feux de la colonne. Deux pièces de canon étaient paraît-il en batterie sur une colline qui domine la position au nord-ouest. Le colonel envoya alors son interprète Samba Ibrahima, actuellement chevalier de la Légion d'honneur, dire à l'Almamy qn'il lui donnait l'ordre de se retirer à Nioro avec toute sa famille, lui promettant en outre la vie sauve pour tous les sofas d'Ahmadou qui, s'ils le désiraient seraient renvoyés dans le Kaarta sous escorte. A ces conditions seules, l'assaut ne serait pas donné. Cés arguments furent persuasifs car ce qui avait été prescrit fut exécuté. Le lieutenant-colonel rassembla tous les chefs de village et de cases du Birgo avec leurs familles et tous, hommes, femmes et enfants, armés de perches, de gros morceaux de bois et de pioches procédèrent sous la protection immédiate de nos soldats à la destruction du tata dont l'enceinte, de trois kilomètres de pourtour environ, avait été, racontent les vieillards enthousiasmés, édifiée en un seul jour. Le commandement du village de Goubanko fut ensuite confié par le colonel au frère de Kologué et l'ère de paix s'ouvrit définitivement.

A la mort de ce chef, le Birgo fut, sans motif, divisé en deux. Kologué conserva le territoire de Goubanko et Birama Diallo, vieillard respectable qui s'installa à Sanamaba. Birama vient de mourir (octobre

1899) et Kologué, avec l'assentiment des autres chefs du Birgo, a été nommé sur ma proposition chef unique du Birgo. Kologué a déjà reçu comme récompense de ses bons services une médaille d'honneur.

XII. — Village indigène.

Population. Cultures. — La population du Birgo s'élève à 3.646 habitants (recensement de 1899). Elle est presque en entier de race Malinké, il y a bien quelques Toucouleurs mais ils disparaissent de jour en jour. La richesse et la population de cette région, se trouvent concentrées dans quatre villages principaux : Goubanko, Sitakoto, Sanensaba et Makono. Chacun d'eux a une vie propre et ne se soucie nullement de l'autorité qui règne chez son voisin. On connaît surtout l'autorité du commandant du Cercle. Il est à espérer que l'avènement de

Kologué, qui est très aimé, modifiera cette situation. Un cinquième village est en bonne voie de prospérité : Kikourouni (au sud du Cercle).

L'ancienne ligne de ravitaillement Kita-Siguiri par Niagassola, actuellement suivie par une grande quantité de dioulas est encore une artère importante qui contribue à augmenter l'essor des gros villages qui en sont limitrophes, particulièrement Sitakoto. Quant aux autres, ils s'appauvrissent chaque année au profit des premiers. Ils sont généralement mal situés, très malsains, en dehors des routes et peuplés de vieillards et d'infirmes. Ces villages sont certainement appelés à disparaître, du reste, on favorise leur jonction avec les autres dont ils sont déjà tributaires à bien des points de vue. Ils ne seront plus que des villages de culture. Ils sont du reste très rapprochés les uns des autres. Comme cultures, le Birgo ne se signale par rien, peu de ressources, peu de bétail et très peu de riz. Pas d'or, pourtant de l'argent monnayé, provenant du Cercle (achats de mil) et des dioulas de passage, pas d'ivoire, pourtant beaucoup d'arachides.

Les principaux arbres sont le Kanké, Néthé, Gueseleso, le Banan, Saman, Kolkolo et le Lingué. Ces arbres atteignent de très jolies dimensions, mais sont rares. Il n'y a ni chevaux, ni ânes.

Les habitants paraissent animés d'excellents sentiments, les Européens sont très bien reçus.

BOKHÉ

Le Bokhé est un tout petit pays enclavé entre le Kollou et le Gadougou. Il ne diffère pas au point de vue physique des pays voisins. Du terrain ferrugineux et des vallées encaissées jusqu'à Guimbaya, des plaines aux environs, à étages (grès et granit) vers Sanfinian. Il est traversé du sud-est au nord-est par la grande route de dioulas de Kita à Dinguiray et au Fouta et parallèlement à cette route et au nord, par le Bani qui est formé de trois grands marigots issus du Kollou et qui décrivant un grand arc de cercle dans le Baniakadougou, va se jeter dans le Bafing près de Diakhata (Gangaran). Le pays est beaucoup plus montagneux dans sa partie ouest. De Sanfinian à Benko, la route est bonne, médiocre de Benko à Guimbaya et très mauvaise ensuite; Benko a été formé par les habitants de l'ancien Linghikoto. Ce village appelé aussi Bendougou est au bord de Bani (R. D.) en face d'un pic élevé, très reconnaissable appelé Fa Niakasso Kourounda.

Historique. — Ce pays était depuis longtemps habité par des Niakasso qui l'avaient abandonné en fuyant devant les Massassis et qui étaient allés à Nabou. Ils y séjournèrent longtemps et eurent à lutter contre les gens de Tamba et de Manésické. Ils repoussèrent toujours leurs ennemis. A l'arrivée d'Alpha qui chassait les habitants du Gadougou, les Niakasso s'enfuirent dans la plaine jusqu'à son départ (1858). Ils quittèrent Nabou vers 1869 et vinrent d'abord à Kéniéra, puis en 1877 à Sanfinian.

XIII. — Porteurs.

Après quelques changements une partie de la famille s'installa à Guimbaya (1886) un chef de case de Linghikoto vint fonder Benko près de la route. Les villages de ce pays sont aujourd'hui occupés par les Dionfara, amis des Niakasso. Ce sont eux qui ont demandé à rester groupés et à ne pas être réunis à une autre province, ce qui leur fut accordé.

FOULADOUGOU-ARBALA

Cette province est limitée au nord par une ligne idéale partant du confluent du Badinko et du Baoulé et de direction E. O. Au sud par la ligne de partage des eaux entre le Badinko et l'un de ses affluents le Kobako, puis une deuxième ligne fictive passant entre Kita et Goubanko; à l'est par le Baoulé, à l'ouestpar le Badinko.

En se transportant à l'ancien poste de Koundou, ou mieux encore à un point de la route Dioké-Madina (450m.), on peut avoir une idée assez exacte du système orographique du Fouladougou. Immense plateau, boisé, d'une altitude moyenne de 420 mètres d'où émergent de gros massifs montagneux, d'orientations diverses et offrant l'aspect de gigantesques escaliers dont les marches auraient une hauteur variant de 20 à 100 mètres et une largeur de 100 mètres à 10 kilomètres. Ces massifs. offrent parfois des aspects étranges. Près de Dioké par exemple se trouve dominant la plaine un immense bloc rocheux, sorte de table gigantesque rectangulaire, soutenue par d'énormes piliers et que les habitants appellent Bagahkourou. En d'autres endroits à Mokayabougou, se trouvent de profondes cavernes qui devaient jadis servir de refuge. Les massifs présentent en outre la caractéristique de n'avoir pas de crête et de tous se terminer par de petits plateaux.

Deux cours d'eaux assez importants ayant toujours de l'eau : le Badinko et le Baoulé, limitent à l'est et à l'ouest le plateau. En outre, il est sillonné dans toutes les directions par de nombreux marigots mais qui sont tous vides pendant la saison sèche. Un seul, le Kégné qui a toujours de l'eau dans la partie supérieure de son cours arrive complètement à disparaître à 10 kilomètres en amont de Nafadié. Pendant l'hivernage ces marigots s'emplissent au point d'interrompre les communications entre les villages.

Les Peulhs constituent la très grande majorité de la population. — Il y a quelques Malinkés. En général, on peut considérer cette population comme menteuse et ne cherchant qu'à tromper. Elle est en revanche très soumise et respectueuse, mais elle n'obéit que par crainte du châtiment. Dans le Nord se trouvent quelques Kagassos et Bambaras. En général, tous les habitants sont fétichistes — quelques rares musulmans à Kondou et Bangassi, obéissent au marabout de Kita.

Cette région se prête fort bien aux différentes cultures et pourrait facilement nourrir une population triple de celle qu'elle possède actuellement. En première ligne vient le mil, puis le maïs. Le coton pousse très bien partout et sa culture peut atteindre un grand développement. Les habitants qui n'avaient reçu aucune instruction sur cette culture, le laissaient pousser presque à l'état sauvage. On cultive encore le manioc, le tabac, la patate, etc. Le riz est aussi cultivé dans les bas-fonds (paras), mais en petite quantité. Peu d'arbres fruitiers, quelques papayers et bananiers, des citronniers. Enfin, partout, surtout aux environs de Mouna, Bangassi, Bangavakoro, se trouve le karité.

L'industrie est à peu près nulle. Le coton est tissé dans presque tous les villages. A Dossomala et Madina existent des fours où l'on traite le minerai de fer qui existe en grande quantité. Les habitants font avec ce métal des haches, des bêches et des aiguilles très grossières. A Marèna-Dioké, Moro-Moro se trouvent des chasseurs d'éléphants. On fabrique une poudre grossière à gros grains, très mauvaise. Les vases en terre, canaris, sont fabriqués dans tout le Fouladougou.

Il n'y a que des sentiers, tous praticables, excepté pendant l'hivernage où les marigots interceptent parfois les communications. L'ancienne route de ravitaillement qui passait par Maréna-Koundou est défoncée et réduite à l'état de sentier. Elle est très suivie par les dioulas.

Historique. —Avant l'invasion d'El Hadj Omar, on ne peut avoir que des renseignements très vagues et qui peuvent se résumer ainsi : Les Mandingues ayant envahi cette région formèrent deux grands royaumes, l'un à Ségou, l'autre dans le Ouassoulou. Mais la guerre ne tarda pas à éclater entre ces deux pays. Les Bambaras de Kéniéra (Ouassoulou) vaincus, se retirèrent dans le Kaarta où ils commandèrent bientôt en maîtres et vers 1750, Géba Massi, un des leurs, premier chef des Coulibaly Massassis règna à Nioro. Ce fut le commencement des invasions dans le Fouladougou. Gomofing Digui Diakité qui venait du Ouassoulou substitua son autorité à celle des Diankès qui étaient les maîtres alors. Les renseignements commencent de cette époque et sont plus complets quoique peut-être exagérés, étant fournis par des griots. D'après eux Gomofing fixa sa capitale à Bangassi d'où il continua à batailler avec un bonheur constant. A sa mort son empire s'étendait de Bamako au Gangaran et du Kaarta au Ouassoulou. Son fils Kouko Soriba lui succéda mais son règne fut pacifique. Kouko laissa cinq fils, Ouarabala Danfi, Magnouma Gomou, Badougou-Yoro-Dian, Sabou, Boubanko M. Badala.

Badougou-Yoro-Dian alla régner dans le Bellédougou et le Fouladougou fut partagé entre ses frères. Ouarabala Danfi ne tarda pas à établir sa suprématie sur tout le Fouladougou Arbala. Il bat successivement ses frères après de longues et pénibles luttes. Ensuite il reconstitua l'empire de son père à l'exception du Kaarta qu'il ne put soumettre et qui recouvra son indépendance. Danfi eut pour successeur son fils Senoussou qui guerroya du côté de Siguiri Kouroussa et dans le Ouassoulou. Dioumou, son fils, reprit la lutte contre les Bambaras du Kaarta mais sans succès. Il eut pour successeur Mama, son fils, qui créa dans le Fouladougou une ère de paix et de prospérité.

Ce pays devint un état régulier ayant Bangassi comme capitale et comprenant les provinces de Bangassi, Nafadji, Kondou, Nafadjiba, Sobékoro. C'est à cette époque que le Fouladougou atteint son apogée. La population augmente, les villages se multiplient, Massa eut pour successeur son fils Soriba sous le règne duquel les bandes toucouleurs, firent leur apparition, conduites par Alpha Bolodié, lieutenant d'El Hadj Omar. Soriba après avoir eu à réprimer quelques révoltes, jouissait d'unc autorité incontestée. Les premières tentatives d'Alpha furent malheureuses. Il vint mettre le siège devant Bangassi d'où il fut repoussé avec des pertes énormes et contraint de fuir jusque dans le Fouladougou Saboula. Soriba ne s'en tient pas à ce premier succès; il profite de la fuite de son ennemi pour aller lui-même à Ségou, où règnait un de ses parents. Il y recrute des guerriers et vient attaquer Alpha qui s'était retranché derrière le tata de Mourgoula. Soriba fut complètement battu : il retourne à Ségou, reforme une armée. Pendant ce temps, Alpha assiège Bangassi et s'en empare. Les murs sont rasés, une partie de la population est massacrée, l'autre emmenée en captivité et Alpha poursuit sa marche victorieuse. Le Fouladougou essaie en vain de lutter. Tous les guerriers se joignent à l'armée que Soriba amène de Ségou et qui est rassemblée à Kondou que l'on fortifie. Alpha ayant été forcé de laisser reposer son armée, Soriba en profite pour reprendre l'offensive et vient prendre position derrière le marigot de Guénikoro. Il n'y eut pas de combat. Alpha, guidé par Morry Moussa, chef actuel de Morybougou (Kita), chasseur renommé, tourne la position et s'empare de Kondou sans coup férir. D'assiégeant il devient assiégé et repousse les assauts de Soriba. Il reprend l'offensive, disperse les assaillants, les massacre et met tout le Fouladougou à feu et à sang.

Les habitants renoncent à la lutte et sous la conduite de Mouko, frère de Soriba se retirent sur le Niger puis à Kangaba.

Boaré succède à Mouko vers 1880. Il apprend que grâce à notre présence, le pays est redevenu tranquille et revient alors s'installer à Bangassi. Peu à peu les anciens habitants quittent le Ouassoulou et reviennent construire des villages dans le Fouladougou. Depuis cette époque, cette région redevenue paisible prospère, et certainement elle deviendra de plus en plus peuplée, le pays étant propre à l'élevage et à l'agriculture.

Depuis cette époque, le pays n'était soumis pour ainsi dire à aucun contrôle. Les villages étaient indépendants, conséquence des ravages des guerres intérieures. Les chefs revenus n'avaient pas assez d'autorité pour s'imposer, ils étaient du reste occupés à reconstruire leurs villages propres. En outre, leur retour ayant été dû à notre présence, les noirs ont préféré soumettre leurs différends au commandant de Cercle plutôt qu'à un chef de village dont l'autorité était surtout nominative. Du reste les chefs de famille prétendaient tous être chefs du Fouladougou. Ainsi à Kondou, c'était Balan Diakité, à

XIV. — Chalands de la Flottille du Sénégal.

Kolifolo, Dendio Diakité prétendait être le chef de l'ancienne province de Nafadji, Mama Bilé de Soribougou de celle de Bangassi, Toumané Diakité de Nafadjiba, Yoro Dian Diakité, de celle de Sabékoro. Ils reconnaissent eux-mêmes que leur autorité est nulle en dehors de leur village.

Il était temps, aujourd'hui, de rétablir l'organisation

première afin d'obtenir une exécution rapide des ordres du commandant de Cercle. Aussi ai-je profité d'une tournée pour préparer la nomination d'un chef de canton. J'aurais voulu faire accepter le chef actuel de Bangassi, qui est un homme énergique et autoritaire, dont les administrés sont menés pour ainsi dire militairement, Makan Dioulé Diakité ; mais les autres chefs de village n'ont pas voulu avoir affaire à lui, disant même qu'ils le recevraient à coups de fusil parce qu'il avait été un des lieutenants d'El Hadj Omar et avait fait couper de nombreuses têtes dans le pays. Afin d'éviter des complications, j'ai proposé Toumané Diakité, fils de Bala qui est très aimé dans le pays ; sa nomination a été acceptée par tous les chefs.

FOULADOUGOU-SABOULA

Le Fouladougou Saboula présente beaucoup d'analogie avec le Fouladougou Arbala; les plaines sont plus petites, mais la nature du sol est la même. Sa forme générale est celle d'un quadrilatère irrégulier limité au nord par le Baoulé, à l'est par le Badinko, le Bakoy, à l'ouest et au sud par le marigot de Diéli-Kébala, le Kégnéko dans une partie de son cours et deux lignes conventionnelles. Pas de chaînes de montagnes ; de simples massifs rocheux d'orientations diverses et très détachés les uns des autres, présentant la même hauteur. Les principaux sont ceux de Manam-bougou, Bouboulé, Badougou, Ouakoro, Niantancoura et Kologué. Partout du granit, des pierres ferrugineuses et des grès. Près de Niantancoura du schiste. Toutes les collines sont à plateaux étagés.

Les rivières, Bakoy et Badinko, ont toujours de l'eau. Le Baoulé est souvent à sec quoique recevant le Badinko. Cela provient de ce que le bassin du Badinko est plus élevé et qu'il ne se déverse dans le Baoulé que lorsqu'il a beaucoup d'eau. Son fond est en outre sablonneux et l'eau s'infiltre. Les marigots de Kegneko,Kobaboulinda. de Diélikélafata, ont toujours de l'eau mais ne coulent que très peu vers la fin de la saison sèche. Celui de Taliko sur la route de Nioro ne conserve que des mares. A Mambiri est un étang qui n'est jamais à sec et qui est très variable comme dimensions. Il est dangereux d'y passer pendant la saison des pluies, le fond étant très meuble.

XV. — Peulhs, Fourba-Foulah.

Avant notre arrivée les habitants s'étaient concentrés dans la vallée du Bakoy au pied des hauteurs, à l'exception de ceux de Kameko et de Kologué qui n'étaient pas Foulahs. Le nord du pays était désert de Mambiri au Baoulé (65 kilomètres) ; on n'y rencontrait aucun abri. Deux villages de liberté ont été créés à Taliko et Niantancoura et après l'hivernage, on en établira un autre entre ces deux premiers afin d'avoir un gîte d'étape sur cette ligne de dioulas Kita-Nioro. Plusieurs villages de la ligne de ravitaillement ont été formés avec des captifs libérés. Les habitants, à l'exception du village de Boulouli qui est entièrement musulman, sont fétichistes. Ils cultivent le maïs, le mil et le riz et possèdent peu de bétail.

Historique. — Les Foulahs de Bougouni ayant envahi le pays, chassèrent les premiers occupants qui étaient Malinkés. Soumofing Diji-Diakité, fils d'un chef de Bougouni ayant eu des démêlés avec sa famille quitta son pays et alla chercher fortune. Sous prétexte d'aller faire une grande chasse, il réunit le plus de jeunes gens qu'il put et alla détruire le village de Kaya dont il fit la population captive, la partageant avec ses compagnons. Cet exploit lui attira d'autres partisans. Il s'empara de Tenekou et grossit sa troupe avec les gens valides. Il s'empare ensuite de Niergué et coupe la tête de son chef, Niengué Makava Doumbia et se trouve alors à la tête d'une colonne de 12.000 guerriers.

A ce moment Ségou était assiégé par Khon. Nadougou Ouara, chef de Dinan appelle à son secours Soumofing et ils vont délivrer Ségou. Biton Caubbaly, chef de Ségou offre sa fille à Sougouni qui la refuse et rentre à Dinan. Nadougou Ouara offre alors sa fille à Soumofing qui l'accepte pour son fils, Fabou Bouloukhou lequel en eut trois fils, Kénédigi, Kerninoumou et Kémé-moanian.

Après être retourné à Niengué, Soumofing va s'établir définitivement à Nantéra qui avait été abandonné. Pour se venger de l'échec subi à Ségou, Khon vint assiéger Nantéra, mais il est battu et poursuivi jusqu'à Banan qu'enlève Soumofing qui s'empare des autres villages. Apprenant la présence de Khon à Maréna, il va l'attaquer, s'empare de la ville mais les habitants peuvent s'échapper. Il va ensuite secourir Banan, prend plusieurs villages et ravage tout le Bélékou. Il meurt pendant cette dernière expédition. Il est enterré à Koulikoro et laisse onze enfants.

Son frère Khonséri lui succède et partage ses biens entre les onze enfants. Fabou Bouloukhou, le fils aîné de Soumofing habitait au bord du Niger à Saloundougoula au milieu des états et de ses frères. Ne pouvant les piller il va chercher fortune dans le Fouladougou. Le chef Malinké Boulikando, ne s'oppose pas à cette invasion. Bientôt Fabou Bouloukhou fut rejoint par ses frères. Il attaque et prend le Gadougou, Kita, le Baniakadougou et le Gangaran. Il meurt à Séréna. Son fils Kénédji lui succède. Kita se révolte contre lui, il le soumet; le Baniakadougou et le Gangaran se soumettent. Il meurt aussitôt; son fils Keinéounian le remplace et va délivrer Figuira attaqué par les gens de Nangaba. Il fonde Dindan où il meurt.

Yérodian son successeur (Kita et le Gangaran s'étant révoltés) appelle à lui les Massassis commandés par Soïa Moriba Kita va se réfugier dans la montagne, mais les guerriers ayant trouvé un sentier vont les poursuivre et les forcer à se soumettre. Ce fut le commencement d'une alliance entre ces pays. Dembagui succède à Yérodian ; il reprend Konfougou (Gangaran) Guibatouba (Bambouck) Siékilé, Digéti, Maniamato (Bafing) et Maniamato Gadougou, où il est tué. Tioumadigi vient après lui. El Hadj Omar l'attaque à Nantéla et s'en empare. Une partie de ses gens va se réfugier à Bangassi, le reste va faire sa soumission à El Hadj Omar, conduit par Garan Diakité, chef actuel. El Hadj Omar s'empare de Bangassi et de Kondou. Tout le pays se soumet. Tioumadiji meurt, son frère, Nagounti qui lui succède meurt bientôt. Ce fut alors que Garan, (chef actuel du pays) fut accepté comme tel.

GADOUGOU

Cette région est certainement la plus accidentée du Cercle. Elle n'a de limite naturelle qu'à l'est où le Bakoy la sépare du Birgo. Partout des terrains ferrugineux, de nombreux marigots dont la plupart conservent de l'eau toute l'année, rendant les communications difficiles pendant l'hivernage. Le terrain forme un filtre naturel, aussi l'eau y est-elle très limpide. Il n'existe que des sentiers assez mauvais. Partout ce n'est que « béré » gravier rouge qui abîme les pieds des chevaux.

La population est représentée par des Malinkés fétichistes de la famille des kamissokho ; son esprit, à notre égard, est excellent. Peu d'industrie, quelques tisserands à Galé. Le sol quoique ferrugineux est propice à la culture, grâce aux nombreux marigots qui l'arrosent. Les champs y sont très variés et couvrent une superficie immense. Les arbres sont nombreux et très beaux. Beaucoup de karité. Beaucoup de bétail.

Historique. — Santigui Madi serait le fondateur de la famille des Kamissokho du Gadougou. Il serait le fils de Tira Makan, chef des Taraoré du Bania-Kadougou. Il aurait été chassé de son pays, accusé d'être le fils d'une mauvaise mère. Il vint s'établir dans le Gadougou où deux familles rivales celle des Kamara et celle des Touré se disputaient le pays. Les Kamara étaient les plus forts. Santigui Madi prit parti pour les Touré. Grâce à cet appui ils triomphèrent de leurs ennemis qu'il chassèrent du pays, mais Santigui Madi les déposséda et devint le maître du pays. Ses fils lui succédèrent et créèrent la plupart des villlages actuels. Il y eut d'abord une ère de tranquillité suivie d'une période de luttes intestines.

Le calme fut rétabli par Oura de Dindanko. Ce chef fit une expédition dans le Birgo. Aidé des Massassis du Kaarta, il alla jusque dans le Manding. Ses successeurs vécurent en paix jusqu'à l'avènement de Foulaténi Sambiri qui eut à repousser l'invasion d'Alpha. Celui-ci venait de Biliko. A la nouvelle de son arrivée toute la population s'enfuit et se réfugia à Nabou. Alpha brûla les villages qu'il rencontra puis, ne trouvant qu'un pays désert se rabattit sur Sanfinian dont les habitants se réfugièrent dans la brousse. Ne pouvant se ravitailler, Alpha fut obligé de négocier. Il promit aux gens du Gadougou de prendre leurs intérêts et de régler leur querelle avec le Birgo. Ce fut accepté et Alpha passa dans le Birgo, il prit Kokourouni, Nianfa, Mourgoula où il laissa en réserve ses guerriers du Gadougou afin d'élever un tata.

Cette précaution ne fut pas inutile, Soriba de Bangassi marchait avec des guerriers de Ségou. Alpha alla à sa rencontre, et battu, il fut obligé d'aller se réfugier à Mourgoula où il résista aux attaques de Soriba. Reprenant l'offensive, il infligea plusieurs défaites à Soriba et pour récompenser Foulatini Sambiri, il lui permit de retourner dans son pays. Ce dernier eut pour successeur son fils Bassi qui construisit Galé. La tranquillité dura vingt-cinq ans puis le Gadougou fut envahi par les sofas de Samory. Leur chef, Moniké Mory, s'avança par Naban. Nafadji, entra dans Galé où il se maintint pendant quelque temps mais d'où il dût fuir devant le colonel Frey, en 1885. Bassi étant mort depuis 1883, le chef du Gadougou fut Kama Kamissokho. Celui-ci fut destitué en 1891 et remplacé par Oura Kamissokho.

XVI. — Audience.

GANGARAN

Cette région peut, au point de vue physique se diviser en deux parties bien délimitées. Celle du nord de Toukato jusqu'à la ligne allant de Firia à Diagala, n'est pour ainsi dire qu'un immense plateau sillonné de vallées parallèles peu larges et escarpées. La circulation est difficile, les marigots nombreux et quelquefois les sentiers sont impraticables aux chevaux. C'est un pays très fertile et productif.

La deuxième partie qui part de cette même ligne Firia Diagala est au contraire une immense plaine vers laquelle viennent finir vers Firia et Manankoto les dernières ramifications du plateau Nord. On n'y voit qu'un seul massif mais assez important, celui de Niénigo. Toutes ces montagnes sont composées de grès et granit et ressemblent à celles du massif de Kita. Très difficiles à franchir surtout à la descente du plateau en allant de Kamaradougou Fanala à Farabana et entre Farabana et Noï et absolument impraticables aux chevaux. La montagne de Niénigo forme en face du village de ce nom un cirque de 100 mètres de diamètre environ à parois verticales dont le fond à 3 ou 4 mètres seulement au-dessous de la vallée, communique avec elle par une caverne.

Les cours d'eau ont une direction Nord-Sud ; le Ouassa formé de marigots descend de Dioufakounou et va se jeter dans le Bakoy près de Maréna ; sa vallée est droite et très fertile. Plus à l'ouest, trois grandes vallées parallèles donnent passage au Kégnéko et à ses affluents. La vallée du Kégnéko communique avec celle de Ouassa par un col traversé par le chemin de Boni à Konfougou (chemin des Massassis) « ainsi appelé parce qu'il servit à faire passer leur cavalerie allant envahir le Gangaran ». Plus à l'ouest, le pays parsemé de quelques hauteurs isolées va s'abaissant jusqu'au Bafing. Dans la partie Sud, il n'existe qu'un grand cours d'eau allant du N. E. au S. O. et se jetant dans le Bani après avoir recueilli de nombreux marigots coulant N. S.

La population est entièrement Taraoré. Caractère grossier, brutal et querelleur. Ivrognes, menteurs, les habitants doivent être menés assez durement. Le chef ne vaut guère mieux que ses administrés. Beaucoup de chasseurs ; Noï n'est habité que par ces derniers.

Historique. — Chassé du Manding par Soundiaka Kéïta, Coumbé Fili Taraoré, à la tête de guerriers vint dans le Gangaran désert fonder Coumbélé près de Nantéla et quelques autres villages. Son frère Faramoussa Dembelé fit colonne contre des gens du Bafing qui assiégeaient Diakala, il revint à Coumbélé. Coumbé meurt, il est remplacé par Faramoussa qui est bientôt abandonné de tous ses gens à cause de ses exactions. Il a pour successeurs Niafou Dembelé, remplacé lui-même par Kemokho Dembelé, contemporain de Makhadian chef du Fouladougou Saboula avec qui il va s'emparer de Koufougui et de plusieurs autres villages. Il est remplacé par son frère Fagando Dembelé qui a pour successeur Magassi Dembelé lors de l'invasion de El Hadj Omar qui vient détruire Nantéla et Dioufanakourou. Les gens de Magassi qui échappent au massacre s'enfuient dans le Kollou et les montagnes.

Magassi a pour successeur Filifiri qui est aussitôt remplacé par Famaoulé Dembelé à l'époque d'Ahmadou et qui nous vit arriver, en 1883. Samory brûle Niénigo et Dioufanakourou. Famaoulé meurt en 1884 et Famoussa Dian, chef actuel lui succède.

KAARTA

Le Kaarta est un territoire où sont venus s'installer des gens de races différentes, Markas, Kagoros, Fofanas et Magassas, Bambaras, Malinkés, Peulhs, etc. Cette région se trouve sur la rive droite du Baoulé qui la sépare du Fouladougou et du Belledougou (Goumbou) et a pour limites ouest le canton de Koutella (Bafoulalé), au nord elle est limitrophe du canton de Kingui (Nioro). Avant 1898, tout le Kaarta appartenait au cercle de Nioro. C'est à cette époque qu'on le partagea avec le cercle de Kita. On traça une frontière artificielle laissant à Nioro les villages Markas et Bambaras. La partie laissée au cercle de Kita comprend les cantons de Bakono, Kagoros, Magassa, Guémou, Kouraba, Dankono, Bagui, Tradougou.

La partie touchant au Baoulé diffère très peu du Fouladougou, mais, dès que l'on quitte la vallée, le pays change complètement. C'est une plaine immense parsemée de quelques hauteurs peu importantes, de nature schisteuse, surtout vers Séféro et Diougounté. Ces hauteurs diminuent au fur et à mesure que l'on avance vers le Nord. A Kouroumkoto on commence à trouver les gommiers. Les chameaux peuvent venir de Nioro à Guettala et à Guémoukouraba. Le Kaarta est traversé par le Daroumako, formé de marigots toujours à sec en saison sèche, il va se jeter dans le Baoulé près de Ouassadan. Il est de même vide pendant la bonne saison, ne conservant que des flaques. Le pays est traversé par deux routes importantes commerciales, celle de Nioro à Kita au Sud et celle de Médine à Sokolo par Nafadji, Diougounré, Séféro, Guémou-Kouraba, Simbalo.

La population est généralement laborieuse et docile,

XVII — Boucherie indigène.

mais très chicanière. Tous ces gens quoique d'origines diverses vivent en bonne intelligence.

Historique. — Les habitants du Kaarta n'occupent cette région que depuis peu de temps. Les premiers occupants furent probablement les Massassis et les Markas, relevant aujourd'hui du cercle de Nioro. Si d'autres races ont occupé avant eux le pays, on ne peut le dire, aucune tradition n'existant. En effet, les constructeurs des deux tumulus que l'on rencontre près de Faréna et au milieu desquels se trouve un baobab, sont demeurés inconnus. (Le Kaarta a été visité en 1796 par Mungo Parck, en 1845 par Rafenel et en 1864 par Mage). Cette immense région était commandée par Daisé Koro Massassi (1796) et par Kandia en 1845; le pays, très faible en tant qu'État ne pouvait apporter, toujours en proie aux dissensions intestines, une résistance sérieuse à une troupe bien armée. Les différentes familles du Kaarta ont chacune leur origine et leur histoire distinctes, sauf les Kagoros qui reconnaissent une origine commune jusqu'à leur scission.

Kagoros. — Le premier chef serait Bandougou Magasso venant de Dialloungala. A la suite de querelles, il réunit ses partisans et vint s'établir sur les bords du Baoulé à Simballo puis à Ménéméné. Il fut rejoint quelque temps après par les survivants du village de Susana qui avaient été massacrés par El Hadj Omar. Il se battit contre Tégalou et Farsan, chefs du Fouladougou, les battit et les repoussa dans le Belledougou. Il fonda alors Kourou (près du Bakorambougou actuel). Le pays comprenait la boucle du Baoulé et s'appela Bakono (dans le fleuve) nom conservé aujourd'hui. Il eut pour successeur son fils Maramoula Méné Magassa qui battit le chef de Bougou (Belledougou) Bassabougou et fonda Guésembiné. Son frère, Fendé Fodé Magassa lui succède et fonde Kénabougou. Ce fut le dernier chef des Kagoros. A sa mort, de nombreuses querelles éclatèrent entre ses frères et ses fils et les familles se séparèrent.

Famille des Magassa de Simbalo. — Garoba Magassa, neveu de Fendé Fodé fonde Guésembiné près de Simbalo (Bakono), mais le vrai chef du Bakono était Tiéma Magassa qui réunit les deux familles. Kaba Fion Magassa lui succède et fonde Saboné avec des réfugiés de Guésembiné poursuivis par El Hadj Omar qui s'empare de Saboné. Les habitants s'enfuient dans le Bellédougou et ne reviennent chez eux qu'après la prise de Ségou. Il eut pour successeurs Seka, Maka, Gladié, Dibi, Laméné, Diadouba et enfin Makan Magassa fils de Goroba.

Magassas de Guésembiné. — Cette famille vint du Bakono sous les ordres de Fion Magassa après la prise de Kourou par Téga (chef Bambara du Fouladougou) et s'étant établie à Bana-Téga commença une guerre contre les Massassis qui dura sept ans. Entre temps il créa le village de Boulouli (près de Guémou ou Kamaina) Ce fut son fils Amady qui termina cette guerre. Le Bakono parait être resté étranger à ces guerres qui intéressaient surtout les Kagoros de l'intérieur. Amady meurt à Ouakaso après avoir été battu par les Massassis. Son fils Fion Koréba Diakaré qui lui succède, meurt deux ans après. Le commandement passe alors à son frère Dougou Fion Magassa qui marche avec El Hadj Omar et prend part à ses expéditions ainsi que son frère Ladj Magassa qui le remplace.

A la mort de ce dernier, Moribou Magassa prend le pouvoir, va à Diougounté où il fonde Guémoukouraba, Makhona et Mokaïabougou. Il se bat contre les Bambaras et leur prend Séréné, Madiné, Mountan, Dialla.

Fonda Mady lui succède. Amadou Cheikou intervient, prend Guémoukouraba. Une partie des Kagoros se soumet à Ahmadou et reste dans le pays; les autres s'enfuient dans le Bellédougou. Fonda Mady a pour successeur Faboukany Magassa, chef actuel de Boulebani. Au moment du partage avec Nioro, Faboukany déclare vouloir rester à Boulebani, renonçant à tous ses droits sur Guémoukouraba, il reste le chef de famille sans exercer aucune autorité, le vrai chef ayant été reconnu être celui de Guémoukouraba, Nialé Laminé Magassa.

Kagoros Magassa de Diougounté. — Fion Mamady ne serait pas le fondateur de Bana, mais son fils. Ses enfants se seraient disputés à Kourou et chassés par Téga, chef du Fouladougou, ils seraient allés fonder Bana et auraient guerroyé avec les Massassis. Koroba Damia son fils fonde Bambakédi et Diougounté et son successeur Sira Famory fonde Nafadji. Diougounté est pris par El Hadj Omar et continue la lutte. Il est battu, une partie de ses gens font la paix et restent dans le pays; les autres s'enfuient vers Bamako et fondent Ouakaro. Son frère Niarakhé Fion lui succède, bat Kamekourana chef bambara, le chasse du pays et s'installe au Belledougou. Il meurt à Ouakaro. Le chef des habitants restés, Kouré Magassa vient fonder Guésembiné de Simbalo probablement avec Maramoula Méné, Makoro Fion lui succède et fonde Kénabougou, sans doute avec Fendé Fodé. Il a pour successeur son frère Nalli Magassa qui se bat contre Digna, chef bambara de Dianghité. A sa mort les deux familles de Guésembiné et de Simbalo se réunissent à nouveau sous le commandement de Diadouba qui fut le chef du pays.

Magassas de Guémoukouraba. — Fendé Fodé venant du Bakono entre dans le Kaarta à la tête d'une forte colonne, s'allie aux Massassis et marche avec eux jusqu'à Gonio-Kory dans le Gangaran du temps de Sira Dania. Les Kagoros s'enfuient dans le Bellédougou puis reviennent après quatre ans s'établir à Nansala et Siramessé, sous le commandement de Komissa Dania. Niami Dania lui succède, mais au bout de trois ans une partie des habitants va à Diougounté, l'autre à Nafadji, Siraméné restant village de captifs. Il a pour successeur Laméné Magassa qui est remplacé à sa mort en 1896, par Kéméné Magassa chef actuel du pays.

Kagoros Fofanas de Mountan. — Kama Mamady Fofana venant de Kourou (Bakono) chassé par les Bambaras de Téga fonde Nafadiéla (Séfénë). Les Magassas de Diagounté attribuent la fondation de ce village à leur chef Sira Koné; Kama fonde aussi Nafadiéni et Bountoucolo, actuellement en ruines. Il a pour successeurs, Kama Birama Fofana, Nabila Mamady Fofana, Ana Mady Diougouba Oulé qui s'allie au Massassis et fait colonne dans le Baniakadougou. Diagué Dian Fofana lui succède, il marche contre les Diapparas. Arrive alors El Hadj Omar qui prend Sakora et les chasse dans le Bellédougou; quatre ans plus tard, après la mort de Diagué, les Fofanas reviennent dans le Kaarta sous les ordres de Birissi qui a pour successeurs, Bandiougou, Samba et enfin Digui Fofana, chef actuel.

Kagoros Fofanas de Séféro. — Ils descendraient d'une autre famille et seraient venus de Silanza, chassés par les habitants du Fouladougou. Le chef, Nianié Goulou Fofana fonde Niakaro (en ruines aujourd'hui). Boubakary chef des Samboris Foulahs les attaque et prend Niakaro. Les Fofanas se soumettent et viennent fonder Séféro. Niamé Dian Sigui Fofana, frère et successeur de Niamé Goulou Fofana est attaqué par les Diapparas. Les successeurs sont Kankouba Goulou, Foulaténé Laméné, Dia Sigui Dian, Kossa Fina, Founé Sémou et Dia Ségui Fofana, chef actuel de Séféro.

Bagué. — Malégué Kéïta, chef des Massassis (Malinké) du Manding, avait été fait prisonnier par Soumangourou Kanté, chef Malinké. Il se se bat contre les Markas du Kaarta et fonde deux villages, Dalaba et Garangou où il meurt ; son fils Noumouké Ba Kéïta lui succède et fonde Soukoumbalé. Simon Kéïta, appelé aussi Torontou, le remplace et fonde Ouassadou. Il a pour successeur Kani Oualé qui crée le village de Balaba. Foumé Kéïta lui succède et a lui-même pour successeur Famélé Ba Kéïta qui fonde Diembiné et marche avec les Massassis contre le Gangaran et le pays de Kita. Son frère fonde Kavéga. Il a pour successeur Mamourou Kamara à qui succède Sountouroumba Kéïta qui continue à marcher avec les Massassis. Il fonde Dialamadji pendant que son frère Koumara, fonde Kouléni. Il est remplacé par son fils Farénia qui fonde Guétala. Il a pour successeur Bouli Mamady Dian Kéïta qui crée Dindanko et prend également part à la guerre de sept ans contre les Massassis. Soukho Mady Kéïta lui succède et El Hadj Omar vient l'attaquer. Après la prise de Ségou ils se soumettent et reviennent commandés par Fatima Ohio qui meurt à Guétala. Il a pour successeurs Mambi Kéïta, Sountouroumba Kéïta, Faguimba Kéïta et enfin Kamara Kéïta, chef actuel du Bagué.

Tiadougou. — Balabougou N'Dji Diama vint du Fouladougou, chassé par les Bambaras de Ségou. Les Markas qui occupaient alors le pays les acceptèrent. Ils s'allient avec les Massassis et se battent contre les Diapparas. Bandiougou Diara succède à Balabougou, puis N'Dji-Dara et Kégrié Diara qui devant l'approche d'El Hadj Omar s'enfuit dans le Bellédougou et ne revient à Niakané que trois ans après, où il est remplacé par Bi Diarra, chef actuel.

KANKOUMAKANIA

Ce petit pays, enclavé dans le Gangaran et le Baniakadougou est limité à l'ouest par le Bafing. Pays montagneux mais avec des pentes douces. Les principaux massifs sont ceux de Kokouna et de Doulabougou formant la vallée de Mongoulou qui vient du Kollou. Cette rivière a un débit considérable et reçoit de nombreux torrents. Les points de passage y sont rares et difficiles, tout le Sud est montagneux. A partir de Koba jusqu'à Diba. est une plaine à peine ondulée. Entre Diba et le Bani se trouve une chaîne assez importante mais praticable. Ce pays très arrosé est très fertile mais la population est peu dense et très paresseuse. Le chef du pays réside à Kokoma. Les habitants, sont assez soumis. Le Kankoumakania ne compte que trois villages Bafing Makana, Talimako, Kokoma, le quatrième Diba se rattachant cette année à Hérédougou (Baniakadougou).

Historique. — Ce pays est habité par la famille Démokho ou Diappara dont le premier représentant fut Sounkarou Mory qui s'établit sur les bords du Bafing ; son fils, Kani Bougary lutta contre les Massassis et les empêcha de s'emparer du village. Les deux chefs s'allièrent et ne guerroyèrent plus l'un contre l'autre. A sa mort, Kangou Samba devint chef des Démokho et alla piller les villages voisins avec les gens de Koundian. Son frère Sama, chasseur intrépide, ne voulut pas rester à Koundian, il alla s'installer à Doulabougou. A sa mort,

Cadé son frère passe le fleuve et va s'installer à Tiguibou. Il a pour successeur le premier fils de Kani Bougary, Coumba Mory qui vint s'établir à Bafing Makana et se contenta de cultiver ses champs. Il eut pour successeur Séga Moussa frère de Coumba Mori, puis Séga Mori et enfin, en 1886 le chef actuel, Samakou Moussa Taraoré.

KOLLOU

Le Kollou est une région très accidentée et boisée, sa structure géologique diffère très peu de celle du Bokhé et du Gadougou, les chemins y sont très mauvais et très fatigants, sans cesse on est obligé de mettre pied à terre; sur les hauts plateaux on trouve d'immenses forêts de bambous. Il est limité à l'ouest par le Bafing, ses autres frontières sont purement conventionnelles. Les vallées du Bafing et du Baoulé y présentent de vastes plaines très fertiles. La population, très mélangée, est d'origine Dialonkée.

Les principaux massifs sont ceux de Malika, Ballandougou, Kabelera, Kouragué. Le Baoulé (deux bras) qui se jette dans le Bafing coule de l'est à l'ouest ; il doit venir de Comboya ou de Bofoulabé. Il est à sec pendant la saison sèche, le reste du temps on ne peut le traverser qu'en pirogue. Trois marigots venant de Kouragué et venant vers l'est, forment le Bani qui après avoir traversé le Bokhé et le Baniakadougou en décrivant un grand arc de cercle va se jeter dans le Bafing, grossi des eaux des montagnes du Gangaran.

Historique. — Les habitants du Kollou sont de race Dialonkée, les premiers appartenaient aux familles Kouragué et Tiabou. Les Tiabou seraient originaires de Diafara. Sanou Bemba le plus ancien chef avait un village près de Gori; battu par les Maures, il s'enfuit dans le Baniakadougou où il trouva les Monioko. Sa famille était composée de chasseurs ; dans une de leurs tournées, ils aperçurent un immense baobab à Kabeya; ils allèrent alors chercher leur famille, firent une grande cérémonie au pied de cet

XVIII. — Femme Peulhe.

arbre et s'établirent à Kollou Koma sur la rive gauche du Bafing. Ils changèrent souvent d'emplacement ne s'occupant que des lougans et pillant les caravanes. Sanou Bemba avait trois femmes qui formèrent les familles des Bambaïa Kélinia Civia. Le premier fils de Samou fut Kélénia, par suite cette famille représenta la dynastie des rois du pays, mais n'étant pas la plus forte, elle se dispersa et se divisa. Le pays fut attaqué par les habitants de Temba. Repoussés d'abord, ils finirent par les forcer à s'enfuir à Goro avec leur chef Balafing, fils de Bougary chef du pays; après leur division, ils vinrent s'établir à Nafadji dans le Gadougou. Balafing eut pour successeur Sanga qui obtint de rentrer dans son pays et vint demeurer à Mandina Gandaïa.

Le Kollou recommença à piller ses voisins, aussi Ahmadou dût-il les arrêter de son côté en laissant à Sanga une femme et un cheval.

Le cadeau fut accepté, mais le pillage n'en continua pas moins. Bougary Ba, fils de Balafing, commande actuellement le pays et habite Kouragué depuis 1881. Les habitants appuyèrent ceux de Oubanko dans leur lutte contre Mourgoula, mais ils furent surpris et leur chef s'engagea à ne plus troubler le pays. Il signa aussi un traité de paix avec le capitaine Oberdorff en 1881. Il eut pour successeur le chef actuel de canton, Kouba Monessa, Tiabou qui est un vieillard impotent animé d'un mauvais esprit comme du reste tous les habitants. En 1893 on les avait menacés d'envoyer une compagnie de tirailleurs pour leur faire payer l'impôt. Tenus en main aujourd'hui, ils se font moins prier.

IVe PARTIE

MISSIONS DIVERSES

ET OPÉRATIONS MILITAIRES

Mission Galliéni. — En 1888, le capitaine Galliéni fut désigné pour aller étudier et reconnaître le pays situé entre Médine et le Niger, y conclure des traités avec les différents chefs afin d'exécuter un tracé provisoire pour la voie ferrée et s'assurer des ressources du pays. La mission partit de Saint-Louis le 30 janvier; elle comprenait MM. lieutenant Piétri (artillerie, convoi et observations astronomiques), lieutenant Vallière (topographie), Bayol, médecin de la marine, et Tautain (ethnographie et histoire naturelle), une trentaine de tirailleurs, quelques laptots, 100 domestiques ou aniers conduisant trois cents ânes ou mulets. Cette colonne arriva le 29 mars à Bafoulabé et pénétrait le 30 dans le Fouladougou qui n'avait été parcouru jusqu'alors que par Mungo Park, Mage et Quintin. La marche de la colonne étant bien préparée, elle arriva vite à Badumbé.

Quoique devant atteindre le plus tôt possible Kita, la mission devant étudier le terrain, le capitaine Galliéni détacha, le 13 avril, M. Piétri qui alla reconnaître le

Baoulé et M. Vallière qui devait atteindre Niagassola par la vallée du Bakoy. La colonne principale traversa le Bakoy à Toukoto où existe un gué, suivit la rive droite et arriva le 20 à Makhadiambougou en vue de Kita. Takonta, chef malinké du pays, craignant de se mettre mal avec les Toucouleurs en s'alliant avec les Européens évita de répondre aux propositions de Galliéni. Celui-ci fit alors courir le bruit que puisque tous les habitants de Kita ne voulaient pas s'entendre avec lui il allait faire des propositions au village de Goubanko. Takonta effrayé signa le 25 avril 1880, le traité qui plaçait tout le pays sous le protectorat de la France.

Après avoir essayé en vain de réconcilier les habitants de Goubanko avec ceux de Kita, Gallieni continua sa route vers le petit Bellédougou, désirant contracter alliance avec Ahmadou, chef des Toucouleurs, fils d'El Hadj Omar, roi du pays de Bamako. Le trajet s'effectua sans incident jusqu'à Kondou et le 4 mai, la colonne arrivait à Guissoumala (Bellédougou) où les habitants se montrèrent bien disposés. Mais à Ouoloni les portes se fermèrent et les chefs refusèrent des guides. Ce fut le commencement de l'agitation. Le lendemain 7 mai 1880, le docteur Tautain qui était resté en arrière avec l'interprète Allasane et une douzaine de tirailleurs, fut entouré par de nombreux Bambaras qui les menacèrent et cherchèrent à piller leurs bagages. Ils furent heureusement dégagés par les conducteurs de la colonne principale. Le docteur rejoignit Galliéni, suivi de bandes armées. La colonne se dirigea ensuite sur Bamako où elle arriva le 12 mai après avoir été assaillie par des coups de fusil au passage du marigot de Dio. Les lieutenants Piétri et Vallière y étaient déjà arrivés.

Ne se sentant pas en sûreté à Bamako, Galliéni se rendit

XIX. — Maures.

à Nafadié, où les officiers réunis en conseil décidèrent de continuer la marche en avant. Les Bambaras qui continuaient à poursuivre la colonne, s'étaient rendus à Bamako dans le but d'exterminer la mission qui avait eu heureusement le temps d'arriver à Nafadié. Ils n'osèrent aller plus loin et la colonne put franchir le Niger; mais elle n'avait plus de munitions, ni de vivres, ni de médicaments. Galliéni se rendit à Nango (40 kilomètres de Ségou) qu'il fut obligé de ne pas dépasser n'ayant plus rien, et des envoyés d'Ahmadou lui ayant donné l'ordre de s'arrêter. La mission resta près de dix mois prisonnière à Nango; Galliéni obtint enfin qu'Ahmadou lui envoyât son représentant pour élaborer un traité d'alliance entre la France et les Toucouleurs.

Les négociations traînaient en longueur lorsque l'on apprit l'occupation de Kita par le lieutenant-colonel Borgnis-Desbordes. Cette nouvelle provoqua une émotion extraordinaire et il fut question de mettre à mort les officiers français. Le capitaine Galliéni désireux de se soustraire aux caprices d'Ahmadou lui fit alors renouveler ses propositions et il signa avec lui un traité (21 mars). La mission put quitter Nango et rejoindre la colonne Borgnis à Kita où celui-ci fit construire un poste. La mission rentrait à Saint-Louis le 12 mars 1881.

Missions Topographiques. — *Mage et Quintin.* — Le général Faidherbe ayant résolu de relier le Haut-Sénégal au Niger, chargea deux officiers de marine, Mage, lieutenant de vaisseau et Quintin, médecin, d'aller explorer la région entre Médine et Bamako. Ces deux officiers devaient aussi aller se mettre en rapport avec El Hadj Omar à Ségou.

La mission partit le 25 novembre 1863, passa à Bafoulabé Koundian et traversa le Bafing se dirigeant vers l'Est. Elle arriva à Kita le 15 janvier 1864 et choisit ce point pour la création d'un poste. Kita est en effet le point

XX.— Passagers débarquant du Monoroue (le Tombouctou) pour transborder sur les chalands à la limite de flottaison, eaux basses (Niger).

de croisement des routes qui viennent du Sénégal au Niger et du Bouré à Nioro. Ils franchirent ensuite, le Baoulé et arrivèrent le 28 en vue de Ségou. Ils ne purent rien obtenir d'Ahmadou, fils de El Hadj Omar, qui représentait son père absent et furent maintenus prisonniers jusqu'au 6 mai 1866, époque à laquelle Ahmadou, son père ayant été tué à Bandiagara, craignant Faidherbe qui commençait à le menacer, les remit en liberté. Ils rentrèrent par le Kaarta, Nioro, Koniakary et arrivèrent le 28 mai à Médine.

Opérations militaires. — Les premières opérations de pénétration dans l'intérieur ont eu pour base la région qui aujourd'hui forme le Cercle de Kita Il est donc intéressant de connaître au moins les principaux faits militaires qui se sont déroulés dans ce pays.

Nous n'en ferons qu'un exposé rapide, sans entrer dans l'histoire des principaux chefs que nous combattions, leur historique ayant été déjà fait plusieurs fois dans de nombreuses notices. Les guerres intérieures entre provinces ont été détaillées dans l'historique de chacune d'elles.

1880-1881. — **1re Expédition du Lieutenant-Colonel Borgnis-Desbordes**. — Le lieutenant-colonel Borgnis-Desbordes, commandant supérieur du Haut-Sénégal devait occuper le pays entre Médine et Kita et y construire des postes, faire ensuite les premières études d'une voie ferrée. En même temps il avait à faire des levés topographiques de la région. Le lieutenant-colonel partit le 9 janvier 1881 à la tête de 830 hommes dont 320 combattants. Après avoir brûlé sur son parcours le village de Foukhara qui s'était montré hostile à la mission topographique, la colonne arriva le 17 janvier à Bafoulabé, y laissa les malades et marcha sur Kita où elle arriva le 7 février.

Le lieutenant-colonel ayant trouvé de la mauvaise volonté de la part du village de Goubanko qui avait fait de même à la mission Galliéni, le fit détruire. Le bombardement du tata dura 4 heures. La lutte fut très vive mais au bout d'une heure, le village était en notre pouvoir. Le tiers de l'effectif fut atteint. Le capitaine Dol, de l'artillerie de marine, fut tué, sa tombe fut placée à gauche de la porte du port de Kita. » Les travaux du fort furent poussés avec activité et le 7 juin la colonne repartait pour Médine laissant le fort en état de résister à une attaque avec une garnison de 135 hommes, 4 canons et des munitions.

1881-1882. — **2e Expédition.** — La colonne qui devait retourner à Kita partit de Médine le 9 février 1882. L'on ne devait cette année-là qu'achever le fort et le ravitailler. Mais, par suite de l'approche de Samory, puissant chef Malinké, qui s'avançait sur le Niger il fallut se préparer à faire une colonne afin de l'arrêter. Le commandant supérieur des troupes par intérim, pensant rompre la marche de Samory et éviter la destruction de nombreux villages crut bien faire en envoyant à l'émir un officier indigène qui fut maltraité et menacé de mort, mais qui put néanmoins se sauver.

Le colonel Borgnis, ne voulant pas tolérer pareil outrage, partit de Kita le 10 janvier 1882 avec 220 combattants et arriva au marigot de Kéniéra après 10 jours de marche. Il y trouva, un immense camp retranché formé de sagnées (redoutes) entourant Kéniéra, défendues par des redoutes bien armées et approvisionnées. Ce système permettait à Samory de ne pas se fatiguer, il n'avait qu'à attendre les effets de la famine.

Nos troupes enlevèrent les sagnées nord et sud, mais Samory s'était enfui n'osant pas nous attendre. Kéniéra était vide, il s'était rendu quelques jours auparavant et les habitants avaient été tués ou dispersés. N'étant pas en force pour poursuivre Samory sur le Niger, la colonne retourna à Kita ou elle arriva le 11 mars ayant été harcelée par les cavaliers de Fabou, frère de Samory. Après avoir achevé les forts de Kita et de Badumbé elle rentra à Kayes le 14 juin.

1882-1883. — **3° Expédition**. — Le lieutenant-colonel Borgnis devait se relier à Bamako. La colonne partit le 22 novembre 1882 de Sabouciré et arriva le 16 décembre à Kita (effectif 540 hommes environ). Le colonel se dirigea sur Mourgoula, foyer d'agitation mais il n'eut pas à combattre. Les habitants furent dispersés et Mourgoula fut rasé. Le lieutenant-colonel marcha alors sur le Niger, cassa le village de Dio qui se montrait hostile (19 janvier 1883).

La colonne continua par Bamako où elle arriva le 1er février après un léger engagement à Daba. Les travaux du poste furent commencés et poussés avec activité. Le colonel voulait ramener son monde à Médine mais il fut obligé de rester ayant appris que Samory marchait avec 4.000 hommes sur Bamako. Il alla à sa rencontre et le battit à Oueyako après un combat de trois jours, se mit à sa poursuite et lui infligea deux nouvelles défaites à à Koumakana et Maréna et reprit ensuite la route de Médine où il arriva en mai.

Campagne 1883-1884. — Cette campagne, dirigée par le lieutenant-colonel Boilève se fit sans tirer un coup de fusil. Le colonel afin de frapper les esprits passa une revue militaire à Kita à laquelle figurèrent dix pièces de canon. Fabou intimidé passa sur la rive droite du Niger. Ce fut alors que le capitaine Chantaume construisit le poste de Koundou.

Campagne 1884-1885. — La colonne se rendit à Niagassola pour y construire un poste. Son commandant, le chef de bataillon Combe, ayant appris que Samory était dans le Bouré résolut de s'en emparer. La conquête en fut facile, mais Samory revint avec 6.000 guerriers attaquer Nafadié. Après plusieurs engagements sérieux (marigot de Koko 13 juin 1885) Samory s'éloigna dans la direction de Siguiri et la colonne rentra à Médine (29 juillet).

Campagne 1885-1886. — Le lieutenant-colonel Frey força Samory à signer un traité, mais il eut à combattre Mamadou Lamine dans le Kondou.

Campagne 1886-1887. — Le lieutenant-colonel Galliéni bat Mamadou Lamine et force Ahmadou (mai 1887) à signer un traité plaçant tous ses états sous le protectorat de la France, ainsi que les pays de Drakha, Tali, Niéré et Samou.

Ce fut alors que s'organisa le Soudan Français.

CHRONOLOGIE DES FAITS

1880	Mission du capitaine Galliéni.
1880-1881	Mission topographique Derrien.
16 avril 1880	Traité avec le roi du Fouladougou.
25 avril 1880	Traité avec le chef du pays de Kita.

XXI. — Nyamina, sur le Niger.

1880-1881	1re Expédition du lieutenant-colonel Borgnis-Desbordes.
27 avril 1881	Traité avec le Manding et le Bamako.
8 mai 1882	Traité avec le Bouré.
15 février 1882	Ouverture de l'école par le capitaine Piétri.
10 février 1882	Traité avec le Gangaran.

1882-1883 2ᵉ Expédition Borgnis-Desbordes.
1883-1884 3ᵉ Expédition Borgnis-Desbordes.
5 mars 1889 Ouverture de l'école de la Mission des Pères du Saint-Esprit
6 sept. 1895 Kita et Bafoulabé forment la Région ouest.
2 déc. 1895 Partage du Kaarta entre les Cercles Nioro et de Kita. Le Diagounté est détaché de Kita et passe à Nioro.

XXII. — Pirogue indigène sur le Niger. — Le Niger en face Ségou.

14 mai 1896 La région ouest est formée de Kita, Bafoulabé, Bamako. Kita est chef-lieu de région
29 mai 1896 Le Cercle devient indépendant
22 juillet 1897 Reconstitution de la région ouest, siège à Kati.
1898 Suppression de la région ouest.

5 janvier 1899	Réconstitution de la région ouest, siège à Kayes. Elle comprend les cercles de Satadougou, Kayes extérieur, Kayes ville, Kita, Bafoulabé
Janvier 1900	Dislocation du Soudan français. Kita passe au Sénégal.

LIVRE II

MOYEN-NIGER — CERCLE DE SÉGOU

PREMIÈRE PARTIE

I

ASPECT GÉNÉRAL

HYDROGRAPHIE, OROGRAPHIE

Le Cercle de Ségou qui fait partie de la Région Moyen-Niger, est le plus important de tous les cercles du gouvernement de la Côte occidentale d'Afrique. Il se trouve à 410 kilomètres de Kita. Il est traversé par le Niger (Djoli-Ba) et par le Bani, son principal affluent, qui lui-même est formé par le Baoulé venant du cercle de Bougouni et la Bagoë qui prend sa source dans le Njibi (cercle de Sikasso) et du Banifing. Le Baoulé et la Bagoë se réunissent près de Bélékou dans le cercle, et le Banifing les rejoint à Kouralé environ à 15 kilomètres au nord de ce même village. Le Bani vient se jeter dans le Niger à Mopti.

Le Niger, coulant dans une vaste plaine, inonde le pays à l'époque des hautes eaux (juillet à fin septembre) sur une étendue de plusieurs kilomètres; au contraire, au moment de l'étiage (avril-mai) le fleuve se retire, baisse de 5 à 6 mètres en laissant à sec de vastes plaines de sable et n'est navigable (région de Ségou) que dans une partie de son cours et pour les embarcations n'ayant pas plus de 20 à 30 centimètres de cale. Le Bani n'est navigable toute l'année que vers son embouchure et pour les pirogues indigènes seulement, le reste de son cours ne l'est qu'aux hautes eaux. De nombreux marigots sillonnent le Cercle, mais n'ont de l'eau que pendant l'hivernage. Tous les cours d'eau et marigots sont très poissonneux et les Somonos qui ne vivent que de la pêche en retirent d'assez importants bénéfices.

Le pays est généralement plat et de grands espaces sont submergés pendant la saison des pluies. L'on ne trouve que quelques collines et très peu élevées encore, principalement entre la Bagoë et le Banifing et sur la rive gauche du Niger environ à 20 kilomètres au sud et sur la rive droite à 15 kilomètres au nord du fleuve. Peu de forêts, quelques rares arbres surtout des Karités et des Caïlcédras. Dans le Guéniékalary et le Bani on trouve de nombreuses lianes caoutchouc. Les céréales viennent très bien et font la principale richesse du pays. Beaucoup de troupeaux chez les Peulhs. La faune est la même que celle du Haut-Sénégal.

La population du cercle est de 130.000 habitants et fournira en 1901, 370.000 francs d'impôt de capitation. De nombreux marchés sont établis dans les points de passage des caravanes et de nombreuses et belles routes carrossables traversent le Cercle dans tous les sens.

Le cercle est certainement appelé à devenir encore plus prospère quand le chemin de fer sera à Koulikoro. Monseigneur Hacquart a fondé en 1895 une mission avec annexes à Kati, Banankourou, Kissi et le Mossi, ainsi

XXIII. — Tam-tam Ouassalonké.

qu'à Tombouctou. Les Pères et les sœurs relèvent de la Mission de Notre-Dame d'Afrique.

Limites. — Au nord, la ligne qui sépare le Cercle de celui de Sokolo passe par les villages de Toutroubala, Malado, Kolokourou, Sirakoro, Kokry (Niger). A l'est, la ligne passe par Kagou (Niger) et vient aboutir au Bani en passant par Nonango, Tlabougou, Diongasso et lui sert de frontière avec le Cercle de Dienné. Au sud, le Cercle est séparé de celui de Koutiala par le Bani et la Bagoë jusqu'à Kinian, la limite suit une ligne imaginaire passant par le village de Toukoro et venant aboutir à celui de Ségou sur le Niger en face Koulikoro, le séparant du cercle de Bamako. A l'ouest, le Niger jusqu'au marigot qui se trouve à l'est de Nyamina. Ce marigot jusqu'à la hauteur du village de Falenta sert aussi de limite au cercle de Bamako.

Climat. — Il ne diffère guère de celui du Cercle de Kita; la chaleur y est pourtant plus humide pendant l'hivernage. La saison des pluies commence généralement en mai. Les tornades viennent de l'est et vers la fin du nord-ouest. L'état sanitaire qui était très mauvais (Ségou et Kita étaient réputés comme les points les plus meurtriers du Soudan) est aujourd'hui bien meilleur. Grâce au confortable relatif que les Européens y trouvent et aux travaux d'assainissement que l'on vient de faire, et à la grande propreté du village, il n'y a plus à déplorer de nombreux décès.

Population. — Le Cercle de Ségou est habité par des Bambaras, des Markas et des Peulhs Foulbés.

Bambaras. — Les Bambaras qui forment la principale branche de la race Mandingue sont sédentaires et cultivateurs, vivent du produit de leurs lougans. Ils sont aborigènes et parlent la langue Bambara. Ils seront étudiés en détail dans un autre chapitre.

Markas. — Les Markas viennent des Sarakolés du Cercle de Goumbou, et sont comme les Bambaras sédentaires

XXIV. — Somonos.

et agriculteurs, mais en outre commerçants; ils sont considérés comme aborigènes et parlent la langue Bambara. Presque tous sont musulmans de la secte Kadria. Le groupe le plus important réside à Markadougouba où se trouve le chef religieux Kadria, Alfa Suleyman Kamitté. Les Diavaras, famille princière Marka, forment à Ségou deux colonies et ne veulent pas être appelés Markas. Ce sont les Diavaras Dabolos qui habitent Togny et Diavaras Dabonés qui sont à Gassi.

Somonos. — Fixés depuis une époque fort reculée sur les bords du Niger et du Bani, les Somonos ou Bozos, sont d'origine Marka de la famille des Djiré, dont un représentant est l'almamy de Ségou. Cette caste forme pour ainsi dire une race à part avec ses mœurs et ses coutumes propres. Toutes les races, en effet, se rencontrent chez eux, par leurs alliances, tous les sangs sont mélangés. Une fois dans la famille, l'arrivant devient Somono, il en est de même de leurs captifs. Ils reconnaissent le captif de case.

C'est certainement la catégorie la plus riche; elle exploite les richesses poissonneuses du fleuve et a le monopole des transports fluviaux et des passages des rivières. Très actifs et entreprenants, ils se sont créé une situation exceptionnelle. Ce sont eux qui tissent presque toutes les couvertures et pagnes dits de Ségou. A Ségou réside leur chef, Kalilou Tiero Djiré. C'est réellement un chef sachant se faire *obéir*.

Peulhs. — Les Peulhs du Cercle se divisent en trois grandes branches :

Les Fourba-Foulahs de Kéléké, les Dembéré (du Modi). Les Foulgas ou Fouloukas et les Diogoramés.

Les Fourba-Foulahs (Peulhs captifs du roi), bergers, agriculteurs sont sédentaires ; quoique implantés dans le pays par le sort des armes, ils se considèrent comme aborigènes, ils ne parlent que le Bambara.

Les Dembéré, d'origine libre, également agriculteurs

et éleveurs, venus s'abriter près des Bambaras sont aussi sédentaires et parlent le Bambara.

Les Foulgas au contraire, qui ont leur berceau dans le Cercle de Sokolo sont nomades, vivent sous des cases paillottes près des Bambaras mais se déplacent à la moindre difficulté. Également éleveurs, mais ne faisant point d'agriculture, leurs lougans ne sont travaillés que par leurs captifs. Ils ont conservé leur langue d'origine, comprennent le Bambara. Les Peulhs sont généralement bronzés à des degrés différents. Ils ont les cheveux lisses, le nez aquilin, les pommettes saillantes, les attaches fines et leur structure est plutôt grêle. Ils sont généralement musulmans mais ont les mœurs des Bambaras.

Origine des Peulhs du Cercle. — Les Peuhls émigrés du Fouta s'étaient à cette époque lointaine établis à Diabel Gandega, au nord de Nioro, mais bientôt en lutte avec leurs voisins les Maures, vaincus et chassés, ils furent obligés de quitter le pays et de reprendre le chemin du Fouta; quelques uns s'étaient dirigés vers le Ouagasa dougou, d'autres avaient pénétré dans le Wagadougou. Ce sont les Peulhs de cette dernière région qui furent les ancêtres des Peulhs de Ségou. S'étant disputés avec les Diavaras de Diara qui s'étaient alliés avec les Maures du Fas, les Peuhls vaincus se dirigèrent vers l'Est. Les plus nombreux se retirèrent dans le Macina et chez les Irlabés, famille dont ils prirent le nom, les autres, avec les Ouarlabés allèrent dans le Bakhounou, cette famille ayant toujours été amie des Diavaras. Les Irlabés du Macina devinrent riches et puissants et furent vite un objet de jalousie pour les habitants aborigènes (Songhaïs, Markas) qui levèrent dans le Mossi une colonne et les chassèrent.

Ils avaient pour chef Amadou Aminata qui les conduisit vers l'Ouest en passant au Nord de Sansanding; quelques uns l'abandonnèrent, suivirent la rive droite du Niger et pénétrèrent dans le Segou (vers 1700). Amadou Aminata s'installa dans le Kouma et les descendants des Tiandès, Dialoubés, Boarés, allèrent occuper Ségala avec l'autorisation du fama de Ségou. Les Bambaras les désignèrent sous le nom de Fouloukas ou Foulgas.

Ceux qui étaient venus par la rive droite à Ségou même furent chargés des troupeaux de la couronne et prirent le nom de Fourba-Foulahs. Amadou Aminata resta peu de temps à Diara, les Irlabés repartirent aussitôt dans le Macina où les Peulhs venus de l'Est, s'étaient rendus maîtres du pouvoir, s'allièrent avec eux et prirent le nom de Diko.

Sous le règne de Monson (1790-1808), Ardo Amadi Diko qui était le chef des Peulhs du Macina eut à lutter avec son frère Ghéladio qui appela à son secours une colonne de Bambaras de Ségou. Battu, Ghéladio se réfugia à Ségou où il forma la tribu des Peulhs du Macina qui, aujourd'hui ont tous disparu du Cercle. Les Irlabés qui étaient restés fidèles à Ardo Amadi furent presque tous exécutés avec leur chef à l'avènement des Cissé (1818) qui se retirèrent chez les Peulhs du Macina. Les Ouarlabés installés dans le Bakhounou s'appelaient aussi Sambourous du nom de leur chef Sambouné Guédal, grand-père de Boubakar Ahmadou Boaré et père de Sambouné et de Falel.

A l'avénement de Sambouné, les Boarés (Ouarlabés de l'Ouest) étaient très puissants, ils avaient pour chef El-Hadj-Bougouni. Ayant eu à lutter avec les autres Sambourous, ils furent chassés du Bakhounou et se dirigèrent vers le nord-est et vers le Bakhourou, peut-être aussi vers

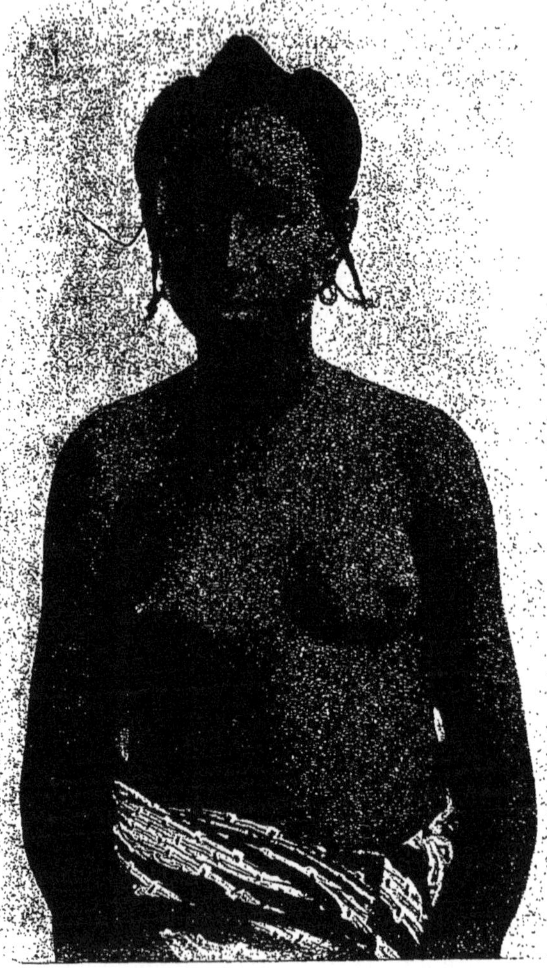

XXV. — Peulhe libre (Dembiré).

le Macina (1840), car on les retrouve avec leur chef Samboune sous la domination d'Ahmadou Cheikou. Peu de temps après, Sambouné et son père Falel, suivi de tous les Ouarlabés se sauvèrent pour rentrer dans le Bakhounou. Quelques familles, Peulhs, Fittobé, Févoibé, Odabé, Tinkérabé, Kobé, les abandonnèrent et vinrent se fixer à Ségala et dans le pays voisin de la rive gauche dépendant du fama de Ségou. D'autres Sambourous de la famille des Doroïbés vinrent s'installer à Sansannah (1851-1854). Sambouné quitta encore le Bakhounou, mais pour suivre El Hadj Omar dans le Macina où il mourut. Son fils Ouka était resté à Ségou avec Ahmadou. A sa mort, il alla rejoindre El Hadj Omar. Ahmadou mit alors à Ségou, comme chef des Peulhs Sambourous, Ahmadi Diellé. Ces Peulhs Sambourous furent toujours les soutiens d'Ahmadou et à notre arrivée, nous eûmes souvent à réprimer des mouvements d'insurrection. Après l'affaire de Bomoti, tous les Sambourous ont été expulsés du Cercle (mars 1892). Il existe aussi dans le Cercle, des Peulhs, du Kaarta appelés Diogoramés. Ils furent amenés par El Hadj Omar et surtout par Ahmadou à son retour d'une campagne dans le Kaarta.

A ces races différentes, il faut encore ajouter certains groupes d'origines diverses, implantés dans le royaume de Ségou malgré eux et par le sort des armes.

Tondions. — Cette catégorie a une origine très ancienne, elle remonte aux premiers rois Bambaras. Ils étaient les captifs de pillage du roi et formaient sa garde. C'étaient eux qui avaient charge des meurtres, des exécutions, des pillages, des vengeances ordonnées par le fama. Ce groupe augmenta rapidement, on lui adjoignit les captifs de guerre et de nombreux aventuriers. Le roi fit alors une sélection et forma le cadre des grands captifs (Dionbas). Toujours près du fama, les Tondions ne cultivaient pas et ne possédaient généralement que leur cheval et leur arc. Pour les récompenser, le fama leur donnait une femme et quelques captifs et le Tondion devenait Dionba, allait habiter dans un village désigné. Quittant le service immédiat du fama, cependant ils accouraient au premier appel.

A l'arrivée de Bodian, les Tondions occupaient le pouvoir depuis 150 ans environ. Ils se divisèrent en deux camps, une partie suivit Mari Diara, l'autre resta avec Bodian. Ce sont eux qui ont provoqué les révoltes de 1890 et 1891. Après la prise de Diéna, quelques uns rentrèrent à Ségou et n'en bougèrent plus, les autres se retirèrent chez les Bobos.

Captifs de Toucouleurs. — Ce groupe comprend les captifs des Toucouleurs qui, après la prise de Ségou, ont été ramenés ici (1891). Ils sont réunis sous le commandement d'un chef et divisés en deux groupes. Ils habitent Ségou et sont environ un millier.

Captifs des Peulhs. — Ce sont les captifs enlevés aux Peulhs Sambourous lors de leur expulsion (1892). Ils sont aussi groupés et placés sous le commandement d'un chef habitant Ségou.

Routes commerciales. — La plus importante est celle constituée par le Niger qui relie le Cercle avec Djenné et Tombouctou, Bamako et Siguiri.

De nombreuses routes carrossables, en général, relient Ségou aux principaux centres commerciaux.

Celle de Barouéli par Bolé, Banamba, Nyamina, fait communiquer Ségou avec le cercle de Bamako.

Celle de Ségou, Banankourou, San, avec celui de Koutiala.

XXVI. — Danse Bambara.

Celle de Ségou-Barouéli et celle de Ségou-Boadié-Koulikoro avec le cercle de Bamako.

Celle de Ségou-Sansanding-Sokolo avec le Sahel;

Celle de Ségou-Sarro-Say-Djenné avec celui de Djenné.

De nombreux sentiers praticables sillonnent le Cercle en tous sens.

Marchés. — Il existe environ 50 marchés. Les principaux sont ceux de Ségou, Barouéli, Koulala, Markadougouba, Fatné, Komina, Bounou et Bolé. Un grand marché couvert a été construit à Ségou cette année.

Monnaies. — Les pièces de 5 francs, 2 francs, 1 franc et 0 fr. 50, pas de cuivre et des cauris (taux fixé pour éviter la hausse ou la baisse, à 1000 cauris pour un franc). Le 100 français correspond à 120 bambara. Le 100 Bambara correspond à 80 français.

Les dioulas échangent leurs marchandises contre des pagnes et couvertures du pays.

Écoles. — A Ségou, il n'existe pas d'école officielle. L'enseignement est entre les mains des Pères Blancs et des marabouts indigènes.

Mission des Pères Blancs. — Soixante-trois élèves tant internes qu'externes fréquentent les classes qui comprennent quatre divisions selon les progrès déjà réalisés par les enfants. Tous les éléments de l'instruction primaire sont enseignés à ces indigènes ; l'attention de leurs maîtres s'attache surtout à leur inculquer l'usage de notre langue. Les élèves ne doivent parler que le français à l'intérieur de la mission. Tous le comprennent suffisamment et une grande partie d'entre eux le parlent correctement. Ces élèves sont de races diverses. On y trouve des Peulhs, des Toucouleurs et des Bambaras.

Deux enfants de Kéléké, chef des Peulhs, fréquentent les cours, un fils de Mademba, fama de Sansanding, les suit également. Les petits rachetés par la Mission, des jeunes gens du village de liberté, des indigènes que leurs parents envoient à l'école, forment le reste des élèves. Une deuxième mission existe également à Soungobougou (18 kilomètres de Ségou) et comprend 35 élèves. Les mêmes matières y sont enseignées.

Écoles musulmanes. — Les écoles musulmanes sont assez nombreuses dans le Cercle. On en compte cinquante trois dirigées par des marabouts Tidjankés et 36 où professent les Kadriankés.

Les cours y sont faits toute la semaine, sauf le jeudi et le vendredi; ils durent, le matin de 7 à 10 heures, le soir de 2 à 5 heures. L'enseignement est peu varié, les élèves apprennent le Coran et l'écriture arabe. Les élèves peuvent être admis à l'âge de sept ans. La méthode employée est la suivante: le maître trace sur une planche à l'aide d'un léger roseau, taillé en forme de plume, quelques caractères représentant des versets du Coran. Ces caractères sont ensuite placés sous les yeux des jeunes gens. Lorsqu'ils ont tous vu « le maître lit le texte écrit et ils répètent. »

Lorsque les élèves ont réalisé des progrès suffisants, ils apprennent l'écriture. Une fois cette science acquise et au moment où ils savent lire, l'instruction se poursuit jusqu'à possession complète du Coran. La période d'enseignement dure très longtemps, les sujets les plus intelligents arrivent en 3, 4 ou 5 ans à s'assimiler les matières professées. Il n'est toutefois pas rare d'en voir étudier pendant 10 ans et souvent davantage. Les maîtres sont rémunérés diversement et selon la fortune des parents de l'élève. Ils reçoivent des cadeaux en nature pendant que dure l'instruction et 60.000 cauris (60 francs) lorsqu'elle est terminée.

Organisation administrative. — En 1893, lors de la formation du Cercle, on ne pouvait passer brusquement de l'administration indigène à la nôtre. Il fallait arriver progressivement à nous faire accepter et à faire apprécier la supériorité de notre administration, tout en

XXVII. — Tolba. — Enfants apprenant le Coran.

faisant respecter nos décisions. Le royaume fut donc divisé en un certain nombre de cantons et groupements; toutes les provinces étaient supprimées et leurs chefs destitués. On ne conservait que le chef du Guéniékalary, Fadouba et celui de Markadougou (canton de N' To). N' To qui nous avait rendu quelques services.

La formation de ces cantons n'avait pu être faite d'une façon rationnelle, ils n'avaient généralement aucune homogénéité. Actuellement cette division laisse beaucoup à désirer et il sera utile de la refaire afin d'amener la disparition des nombreux groupes ou villages indépendants, qui rendent l'administration plus compliquée. Le commandement du Cercle actuellement confié à un capitaine sera bientôt exercé comme dans tous ceux du Haut Sénégal et du Moyen Niger par un administrateur. Un adjoint et des commis des affaires indigènes sont mis à la disposition du Commandant de Cercle. Le Cercle de Ségou comprend environ 1.200 villages.

Organisation militaire. — La garnison comprend deux pelotons de l'escadron de spahis soudanais, commandés par le capitaine commandant l'escadron. Les magasins et le Trésorier sont à Ségou.

Milice. — Elle comprend deux classes : La première composée d'anciens tirailleurs est forte de 100 hommes. Son armement et ses munitions sont à Ségou. Elle permet de former une compagnie dans les 24 heures. La deuxième comporte un effectif de 150 hommes. Il existe au poste deux pièces de 4 de montagne avec approvisionnement.

Quant à la Police, elle est assurée par une brigade de gardes du Cercle comprenant : 1 Brigadier, 12 gardes et par deux agents de police.

Ségou Poste. — Le poste actuel s'élève au bord du Niger (rive droite) et, vu du fleuve, a un aspect très riant. De nombreuses et importantes constructions en briques le font ressembler à une petite ville ; de nombreux arbres, quoique encore jeunes, lui donnent aussi un air de fraîcheur qui fait que le voyageur croit revoir le commencement de ces fameuses rives qu'un auteur moderne a regretté de ne pouvoir chanter (Tombouctou la mystérieuse). Hélas, l'illusion dure peu, car Ségou n'est qu'une immense plaine sans arbres ni brousse, quelques rares mimosas se trouvent égarés sur ce sol sablonneux. Le Poste lui-même ainsi que le campement des Spahis (camp Chevigné inauguré le 4 juin 1900) sont confortables et supérieurs aux autres stations. De grands jardins potagers et fruitiers permettent aux nombreux Européens de mettre de côté au moins pendant quelques mois, les boites de conserves, et de ce confort exceptionnel résulte un état sanitaire relativement excellent.

Ségou-Ville. — La ville est toute en bordure le long de la rive droite du Niger; de grands et larges boulevards, de belles avenues, des rues bien percées et bordées de cases font ressembler ce village à une ville. On ne peut certainement trouver mieux ici. (Le boulevard central qui traverse le camp, le poste et la ville a 4 kilomètres de long et une largeur d'au moins 15 mètres.) Ses cases bambaras à toit plat ne dépassant pas les murs de clôture feraient ressembler Ségou à une ville en ruines si une animation assez grande ne régnait partout.

Une belle mosquée, construite d'après les restes de celle de Djenné, s'élève sur la place Huillard. (Lieutenant assassiné lors de la révolte des Peulhs; voir plus loin).

Une briqueterie et des fours à chaux (les huîtres du Niger

remplacent la pierre calcaire pour fabriquer la chaux) permettent au commandant de Cercle de bâtir de vraies maisons et d'atténuer les effets destructeurs des termites qui sont ici on ne peut plus voraces. (Les termites transforment en quelques heures une paire de bottes en motte

XXVIII. — Poste de Ségou (Niger, hautes eaux).

de terre). Des arbres viennent d'être plantés le long des avenues et dans quelques années, si les termites le permettent, Ségou sera une vraie oasis. Dans cette ville se trouve la résidence de l'évêque et la maison mère des Missionnaires Pères Blancs de Notre-Dame d'Afrique.

Il paraît qu'autrefois Ségou était très boisé, mais tous

les arbres, auraient été détruits en partie par les rois de Ségou pour la construction de leur résidence (Dioufoutou) en partie pour le service de la flottile du Niger. Ségou Sikoro signifie en effet. « Sous les Karités. » Il

XXIX. — Mosquée de Ségou.

existe une infirmerie à laquelle est attaché un médecin de deuxième classe des colonies.

Conclusions. — Le Cercle de Ségou, qui actuellement rapporte 310.000 francs d'impôts de capitation, pourra l'année prochaine, une fois le recensement commencé achevé et les richesses des régions bien connues, atteindre 350 à 400.000 francs en maintenant une taxe individuelle rationnelle. De même les marchés qui donnent une recette annuelle de 20 à 25.000 francs, étant surveillés et augmentés, fourniront aussi une somme importante.

Le Cercle est certainement appelé à se développer car de nouvelles cultures sont tentées et, vu les résultats obtenus, on peut dire que sa richesse augmentera surtout quand le chemin de fer arrivé à Koulikoro permettra une exportation moins onéreuse. En effet, le coton pousse très bien et sa qualité est reconnue très bonne. L'indigo et le tabac pourront aussi, en améliorant les procédés actuels de culture et de préparation, devenir une source importante de revenus. Beaucoup de ruches d'abeilles ; par suite en forçant les indigènes à recueillir la cire, on obtiendra un autre produit d'exportation. Le caoutchouc que l'on trouve dans le Bani et le Guéniékalary pourra donner, en surveillant sa récolte, de bons résultats. Deux autres produits la gutta-percha (extraite de l'écorce du Karité) et le chanvre indigène sont aussi appelés à prendre une place importante dans le commerce.

IIe PARTIE

I

DE LA RACE BAMBARA

ORIGINES HISTORIQUES DU ROYAUME DE SÉGOU

Généralités. — Le Bambara, de même que son frère le Malinké n'a pas comme les autres races du Soudan une physionomie particulière permettant de le reconnaître à première vue. Il n'y a en effet aucun type national. On rencontre des individus aux traits fins à côté de figures disgracieuses et c'est la majorité. En général le Bambara est fortement charpenté et ses membres sont proportionnés. Il est moins noir que le Ouoloff. Par son extérieur, le Bambara révèle un caractère franc et bon. Quand on l'a fréquenté pendant quelque temps, on se rend compte qu'il est susceptible de perfectionnement. De même que pour les autres noirs, le captif est généralement abruti et ses traits indiquent la stupidité, conséquence naturelle de la captivité dans laquelle la plupart sont nés, vivent ou ont vécu.

Religion. — Les Bambaras sont fétichistes, mais l'Islam a fait dans certaines régions des progrès sérieux par le contact des Peulhs qui sont d'ardents propagateurs de la foi musulmane. Très pauvre et assez naïf, le Bambara croît facilement ce qu'on lui dit et escompte les promesses du Coran que son instituteur (Karamoko) lui fait miroiter. Il finit bien par s'apercevoir qu'il est roulé et que devenu fils du Prophète, il n'est pas plus riche qu'avant, mais il se croît plus considéré parce qu'il fait le salam, que lorsqu'il était fétichiste (Kafri). Il est devenu « Sali tigui », faiseur de salam et par suite un homme comme il faut. La conviction religieuse n'y est pour rien mais le « Sali tigui » est de bon ton. Si l'on demande en effet aux Bambaras pourquoi ils se sont faits musulmans, ils répondent. « Je me suis fait musulman parce que tout le monde fait ainsi. » Et si on lui demande des explications sur telle ou telle pratique religieuse, sur le sens des prières qu'il dit, il répondra invariablement — ne te do (je n'en sais rien) le marabout dit qu'il faut faire ainsi, donc c'est vrai, c'est tout ce que l'on pourra en tirer. — *Les superstitions* sont les mêmes que chez les Malinkés.

Habitations. — Les cases sont construites complètement en terre (Banko) et affectent la forme carrée ou rectangulaire. Le toit est plat et légèrement en pente pour permettre l'écoulement des eaux par des gouttières en bois. Ils n'emploient pas la paille, la paille étant un de leurs ténés. Téné signifie une chose ou un animal qui à une époque reculée a rendu un très grand service en préservant de la mort quelque membre de la famille, et en signe de reconnaissance on ne doit ni regarder ni toucher ni manger, ni-même parler du téné sous peine de mort.

XXX. — Coiffeuses pour Dames.

Le téné animal doit aussi préserver de l'attaque de cette bête, mais il ne faut ni la tuer ni la manger.

Tout ce qui concerne l'industrie, l'agriculture, les coutumes l'état social et la justice, ressemble à ce que nous avons vu chez les Malinkés.

XXXI. — Zébu (Bœuf à bosse).

Elevage. — De beaux troupeaux de bœufs chez les Peulhs. La race dominante est la race Peulhe (Zébu) qui donne un animal de grande taille, poil ras, jambes grêles, cornes contournées, queue longue, viande bonne, et fait d'excellents porteurs. Il y a aussi la race Bambara ou race

Mandingue. — *La race ovine* est peulhe, en grande quantité, ayant laine longue, frisée et abondante. — *La race caprine.* Peulhe, est petite mais très bonne. *Les chevaux* appartiennent aux races Peulhe et Maure.

Origines historiques. — Les Bambaras viennent de Toron, Torony, certains disent Tengiéla au Sud des montagnes de Kong. Persécutés pour embrasser la religion musulmane que les Malinkés venaient d'adopter, les Bambaras s'expatrièrent et vinrent dans le royaume de Ségou conduits par leur chef Kaladjan (grand cou) vers 1600. L'époque de cette émigration ne peut être fixée d'une façon absolue, elle eut lieu probablement vers 1600 en comparant l'époque du règne de Bitton ou Binton premier roi Bambara, petit fils de Kaladjan.

Le pays à l'arrivée des Bambaras était occupé par les Sonninkés qui avaient pour roi un descendant des Keïta. Cette émigration fut le signe d'un mouvement général, car les Malinkés qui eux aussi habitaient les montagnes de Kong, s'étaient dirigés vers le Nord-Est, et les Sonninkés de Ségou luttaient avec les Malinkés du Bellédougou (Ouest) et avec les Peulhs du Macina. Ce fut certainement cette lutte qui fit que les Sonninkés accueillirent favorablement les Bambaras, se donnant ainsi des auxiliaires précieux leur permettant de faire face à tous leurs ennemis. Ce fut alors une ère de paix et de tranquillité. La dynastie des Sonninkés s'éteignit avec Siramaka Keïta qui résidait à Markadougouba. Les Bambaras avaient su si bien s'imposer qu'à sa mort il fut remplacé par un roi bambara.

L'histoire de ces pays n'étant transmise que par les griots (troubadours) n'est pas absolument exacte et la légende aidant, on ne peut rien préciser. D'après leurs chants Kaladjan serait mort avant Siramaka Keïta et ses fils au nombre de 7 se seraient, à la mort de ce dernier partagé le pays sans aucune résistance des Sonninkés qui ne songeaient qu'à commercer.

Deux fils de Kaladjan seulement, Baramangolo et Niongolo jouèrent un rôle assez important.

Baramangolo et Niongolo. — Baramangolo, à la mort de Siramaka Keïta resta à Ségou peut-être sans avoir le titre de roi mais en remplissant les fonctions. Son pouvoir rendit probablement jaloux son frère Niongolo lequel quitta Ségou en entraînant de nombreux ambitieux.

Niongolo franchit le Niger et va s'installer, après une marche de quinze jours à Baïko sur la rive gauche (probablement le Bamako actuel). Cétte région était occupée comme celle de Ségou par les Sonninkès, qui lui firent, comme leurs compatriotes, bon accueil et cédèrent le pouvoir à Niongolo qui devint chef de Kéniédougou. Toujours se jalousant, les deux familles finirent par se déclarer la guerre. Les Bambaras du Kéniédougou furent chassés et repoussés jusque dans le Kaarta où ils s'installèrent en maîtres avec Nioro, comme capitale.

Leur premier roi fut Seba Massa (de la famille des Coulibaly) ou Massa, si (graine de Massa — probablement un fils de Niongolo. La lutte continua jusqu'en 1860, époque de l'apparition d'El Hadj Omar dans le Kaarta. El Hadj Omar battu à Médine par les Français avait envahi le Kaarta où régnait Mamadi Kondia Coulibaly Massassi, et le Ségou après avoir battu le roi bambara Ba Solo Diara. Avant de nous étendre sur les conquêtes d'El Hadj Omar, nous terminerons la chronologie des rois Bambaras de ce pays.

Baramangolo eut plusieurs fils, le plus connu fut Souma, père de Bitton qui fut le fondateur de Ségoukoro. Son règne fut de quarante ans pendant lesquels il continua la guerre contre les Massassis qu'il obligea à se fixer définitivement dans le Kaarta. Il eut pour successeur son fils Djékoro, d'une légendaire cruauté. Il fut assassiné par Balali, son esclave de confiance qui, lui aussi, périt de la main de ceux qui l'avaient poussé à tuer son roi. Bakari succède à son frère. Il disparaît après quinze jours de règne sans laisser aucune trace. La royauté échoit alors à Tomasa, chef d'esclaves du temps de Bitton.

La légende raconte que dans le village de Pérenguilé (Pélenguena actuel) se trouvait un chef d'esclaves nommé Kagnouba Gnouma qui, après l'assassinat de Djékoro s'allia avec Kagnouba soi-disant pour venger leur roi, mais en réalité pour s'emparer du pouvoir. Ils tombent à l'improviste sur les esclaves de Ségou, dont la majorité embrassa leur cause et d'après les conventions faites, Kagnouba céda la couronne à Tomasa (1744). N'aimant pas du tout Ségoukoro, préférant la tranquillité, Tomaso alla fixer sa résidence à N'Goï. Les chefs des captifs, mécontents de cet abandon, lui tendirent un guet-apens dans lequel il trouva la mort. Il est probable qu'ils furent conseillés par Kagnouba car ce dernier fit venir chez lui le fils de Tomaso et lui dit : « C'est moi qui ai fait nommer ton père roi, je dois le remplacer, tu seras mon successeur. » Ce procédé ne plut pas au fils de Tomaso qui alla assiéger son spoliateur. Après plusieurs mois de siège il s'en empara et le fit disparaître. Il prit alors le titre de roi et régna pendant trois ans sans que la tranquillité fût troublée. Il eut pour successeur Kafa Djougou, ancien esclave à Djékoro et chef de la conspiration. Il mourut après trois ans de règne (1750).

Ce fut vers 1753 que le vrai fondateur de la monarchie Bambara, N'Golo, fit son apparition. Il eut pour berceau Boadié à mi-chemin entre Barouéli et le Niger ; ses aptitudes militaires l'avaient vite fait nommer chef Sofa

XXXII. — Armes et Instruments de musique (Bambara).

(guerrier). Il avait eu à lutter pour arriver au pouvoir contre un autre chef sofa, Sangué. Son règne dura trente-sept ans. Il eut à repousser les habitants du Macina et se rendit maître de tout le pays compris entre le Manding et Tombouctou. Il mourut pendant une guerre qu'il avait entreprise contre le Mossi (1790). Ce fut le premier roi Bambara qui habita Ségoukoro. Son fils aîné ayant péri dans la guerre contre le Macina, ce fut un fils qu'il avait eu d'une esclave qui lui succéda, Bina Monsony qui eut à lutter pour arriver au pouvoir contre son frère Nionkoro, fils d'une femme libre. Ce ne fut qu'au prix d'une corruption, en offrant de l'or aux guerriers de son adversaire Nionkoro, que Monsony put s'en emparer (1792). Tranquille de ce côté, il fit la guerre à Désé, roi du Kaarta qui avait moralement appuyé Nionkoro. Malade, il alla se reposer et mourir à Sirakoro. Son règne avait duré vingt ans.

Monsony eut neuf enfants qui occupèrent successivement le trône. Dah guerroya dans le Bendougou et se rendit maître du Kaarta. Ce fut pendant son règne que le Macina se détacha du royaume de Ségou pour être gouverné par un marabout peulh, Hamadou Labbi. Dah mourut en 1827. Son frère Tjé Jolo lui succéda. Ce fut alors, 1837, que El Hadj Omar revenant de la Mecque, passa à Ségou. Tjé Yolo mourut en 1839 après douze ans de règne. Son frère Nienemba lui succède et n'occupe le trône que pendant trois ans. Kérango règne pendant huit ans, il est remplacé par son frère Naluma Kouma (1849) qui lui-même a pour successeur Massala Dembia (1851-1854) remplacé par Tarakoro Mari qui périt assassiné par les esclaves de son frère Ali qui le remplaça sur le trône.

Vers cette époque 1860, les Foutankés ayant pour chef El Hadj Omar vinrent dans le royaume de Ségou pour s'en emparer. Le premier combat eut lieu à Ouéta (rive gauche du Niger) entre Ségou et Nyamina. El Hadj Omar détruisit ce village. Le fils d'Ali fut trouvé parmi les morts. Après cette victoire, les Foutankés marchèrent sur Sansanding et surent se rallier les habitants. Ils passèrent ensemble le fleuve et marchèrent sur Ségou. Après plusieurs combats, l'armée d'El Hadj Omar finit par arriver dans cette ville un vendredi soir. Suivi de nombreux fidèles, Ali alla installer unc forte résistance à

XXXIII. — Coin de Ségou.

Ségoukoro. Mais ayant peu de fusils, il n'essuya que des défaites et fut obligé de s'éloigner.

S'étant réfugié sur les bords du Bani, il y fut poursuivi par les Toucouleurs qui s'emparèrent de sa personne et le mirent à mort ainsi que son frère Souma Diara (1863).

Les débris de l'armée d'Ali nommèrent roi Mari Diara. Sous ses ordres, les Bambaras se reformèrent, passèrent le fleuve près de Mopti, en suivant la rive gauche, ils arrivèrent en face de Ségoukoro, traversèrent le Niger et attaquèrent les Toucouleurs dans la plaine, qui se trouve derrière Ségoukoro, les repoussant jusqu'à Ségou koura. Ce fut du reste leur seul succès car le lendemain, chassés de leurs positions, ils furent obligés de se retirer à Farako (rive droite du Niger). Maître de Ségou, El Hadj Omar mit son fils Ahmadou Chéikou à la tête de ce royaume et poursuivit ses succès dans le Macina.

Après un assez long règne, Ahmadou apprenant que les Français appelés par Mari se dirigeaient sur Ségou, s'enfuit à Nioro laissant le pouvoir à son fils Madani. Ségou pris par Archinard (avril 1890), Mandani s'enfuit et alla rejoindre son père à Nioro. Mari Diara fut rétabli roi de Ségou ayant le capitaine Underberg comme résident.

Mari fut bientôt remplacé par Bodian, bambara du Kaarta, un de nos serviteurs dévoués.

Les colonnes du colonel Archinard dans ce pays seront traitées dans un autre chapitre.

Empire d'Ahmadou Chéikou. — Nous avons dit au chapitre précédent qu'El Hadj Omar avait mis son fils Ahmadou roi de Ségou. Vers 1864, étant dans sa capitale (Hamaallaye), il fut assiégé par les Peulhs, révoltés, appuyés par une forte armée venant de Tombouctou et envoyée par le marabout Becke Koroba. Il put réussir à se sauver avec quelques fidèles et gagna le village de Dayambisé, mais ne pouvant échapper à ses ennemis et craignant avec raison d'être livré, il se réfugia dans la montagne, s'enferma dans une grotte et s'y fit sauter avec un baril de poudre.

Son fils Ahmadou lui succéda à la tête de ce vaste empire, à l'exception du Macina qui était en pleine révolte. Il eut bientôt à lutter coutre deux de ses frères qui étaient établis, l'un dans le Kaarta, l'autre dans le Dinguiray. Il les battit et les amena à Ségou où ils moururent dans les fers. La tranquillité revint mais Ahmadou ne sut pas en profiter pour organiser le pays et le mettre en rapport. Il favorisait le pillage des Toucouleurs qui finirent par ruiner et dépeupler le pays. En 1884, il alla s'établir à Nyamira (rive gauche du Niger), laissant à Ségou son fils Madani et marcha contre son frère Mountaga qui était à Nioro et qui ne pouvant se sauver se fit sauter dans son réduit. Ahmadou s'installa à Nioro jusqu'à la prise de cette ville par Archinard. En 1881, inquiet de la marche de la colonne Borgnis Desbordes qui venait de prendre Kita et Goubanko, Ahmadou avait fait avec le capitaine Gallieni un traité plaçant ses États sous la protection de la France.

Prise de Ségou par les Français. — Nous avons vu qu'en 1883, Mari Diara, roi de Ségou, avait été chassé de son royaume par El Hadj Omar. Voulant le recouvrer, il appela à son aide les Français qui, sous les ordres du colonel Archinard vinrent mettre le siège devant Ségou et bombardèrent le Dionfoutou (résidence royale). Effrayé, Madani prit la fuite. La colonne d'assaut franchit le Niger, dès la fin du bombardement, à Somonobougou et entra sans résistance dans le Dionfoutou, abandonné de ses défenseurs. (6 avril 1890). Madani, poursuivi par la colonne indigène, fut attaqué à Diento et battu complètement; il se retira à Djenné et, de là fut rejoindre à Nioro son père Ahmadou.

Ségou résidence. — Archinard rétablit le 11 avril 1898 Mari Diara avec le titre de fama de Ségou et transforma le royaume en résidence. Le Fama (voir palabre-chap. traités) devait assurer la tranquilité dans le pays. Il pouvait l'administrer à sa guise mais rien ne devait être caché au capitaine résident. Les Bambaras redevevenaient les maîtres du pays. Les Toucouleurs devaient le quitter aussitôt. Sansanding était détaché et administré par nous. Bodian recevait Nango et les villages de culture.

Protectorat Français. — *Mari Diara, fama de Ségou.* Le commandant Archinard n'avait pas été très content de la réception de Mari Diara et s'était vite aperçu que le nouveau fama, au lieu de rétablir l'ordre, laissait ses sujets piller les villages nouvellement soumis. Aussi avait-il mis Bodian à Nango, pensant avoir bientôt besoin de ce fidèle serviteur, en le mettant à la place de Mari. Avant son départ, il avait donné des instructions très précises au capitaine résident Underberg et recommmandé de prendre acte de tous les faits du fama, sans discussion ni menace, mais seulement pour avoir des motifs lui permettant de le remplacer et lui désignant tout particulièrement Bodian comme sujet très dévoué.

Sans énergie, Mari laissait ses sofas dévaster le pays et ne tenait aucun compte des engagements pris au palabre du 11 avril et cachait tout au résident. Le 9 mai 1890, ses sofas, voulant s'affranchir de notre tutelle, organisèrent un complot ayant pour but de massacrer les officiers de la garnison. Mais toujours très longs à se décider, les Bambaras restèrent longtemps indécis au lieu d'agir, ce qui permit de découvrir le complot. Averti par ses domestiques, le capitaine Underberg prévint le lieutenant de vaisseau Hourst et Bodian et prit ses dispositions pour le déjouer. Il résolut de faire fusiller le fama et ses conseillers. Le 29 mai (l'exécution du complot devait avoir lieu le jour de la pleine lune de juin pendant la sieste), il convoqua au poste les conseillers du fama pour leur communiquer une dépêche annonçant la prise de Koniakory. Lorsqu'ils furent tous réunis, le lieutenant Spitzer se rendit chez le fama et le passa par les armes. En même temps le capitaine Underberg, assisté du Dr Grall annonçait aux conseillers l'exécution du fama et leur montra qu'il était au courant du complot leur annonçant que les tirailleurs allaient aussi les fusiller. Ces derniers faillirent, par leur incurie, les laisser échapper ; ce ne fut que grâce à la présence d'esprit du Dr Grall qui abattit un conseiller d'un coup de révolver que les tirailleurs purent exécuter les autres.

Ce fut Bodian qui remplaça Mari avec les mêmes attributions. Serviteur très dévoué, Bodian était le seul noir qui pût rétablir l'ordre et ramener la tranquillité et la prospérité dans le pays ruiné par le pillage et les luttes intérieures, mais il ne put résister à une aussi lourde tâche.

États de Sansanding. — En 1891, Sansanding devint un État et l'administration en fut confiée à Mademba dont le zèle et les qualités avaient été appréciés depuis longtemps par le commandant supérieur. Mademba était un ancien contrôleur des services télégraphiques. Il est originaire de Podor (Sénégal). Le fama Mademba qui, actuellement (1901), est encore en fonctions, a su s'attirer la sympathie de tous les officiers et fonctionnaires qui l'ont connu. Un résident a été placé près de lui en 1900.

Bodian fama de Ségou. — *Commencement de révolte dans le Baninko.* Après l'affaire du 29 mai, les

XXXIV. — Maures.

N'Golossis, parents de Mari Diara et tous ses partisans allèrent se réfugier dans le Baninko (rive droite du Bani) ayant à leur tête Bafi Diara et Binaké Kokéba. Ces deux intrigants essayèrent de soulever le pays pour revenir au pouvoir. Les villages du Sud du Bani répondirent à leur appel ; ceux situés entre le Bani et le Niger hésitaient. Il fallait se les attacher sans retard.

En août, Mademba, à la tête d'auxiliaires indigènes, fut chargé d'aller dans cette région pour rassurer les uns et châtier les autres. Après avoir pacifié le sud-ouest, Mademba passa le Bani à Troïna (les 5 et 6 septembre), marcha sur la résidence de Bafi-Diara (Gouina), s'en empara et le fit fusiller. Cet exemple amena la soumission de tout le Baninko. De retour en octobre, cette colonne fut licenciée. Le village de Kinian qui dépendait des États de notre protégé Tiéba, fama de Sikasso refusait de reconnaître son autorité. A la tête d'une colonne, Tiéba marcha contre lui. Le capitaine Quiquandon, résident de Sikasso devait par ses conseils amener un résultat certain, mais le capitaine Underberg, croyant faire acte de bonne politique en rendant Tiéba l'obligé de Bodian, envoya ce dernier avec son armée rejoindre celle de Tiéba sous les murs de Kinian. Le siège fut long et cette absence du fama au commencement de son avènement fut d'un mauvais effet. En effet, le Minianka et le Baninko venaient de se soulever à nouveau, à l'instigation de deux ambitieux, un marabout maure appelé le Mahdi et un bambara, Ahmadou. Craignant d'être attaqué dans Ségou, le capitaine résident crut devoir envoyer des troupes pour réprimer cette insurrection. Il forma une colonne dont il confia le commandement au lieutenant de vaisseau Hourst. Ce dernier eut comme auxiliaires le Dr Grall et l'interprète Médoun.

Le 21 janvier la colonne forte de trois cents hommes

se dirigea sur le Bani où elle fut renforcée le 28 janvier par cinq cents hommes de N'To.

Siège de Diéna. — Hourst passa le Bani et entrait à Touna le 1er février, après en avoir chassé les rebelles. Le 6, il arrivait devant Diéna ; une seule des quatre Soukalas (groupes de cases entourées d'un tata) dont se cómposait le village refusait de se rendrc, (Dougoutiguila). Hourst l'attaqua le 7 et, après avoir ouvert une brèche dans le tata, la colonne pénétra dans le village mais sans pouvoir l'enlever complètement avant la nuit. L'attaque recommença le lendemain mais les sofas de N'To ayant lâché pied, les assiégés reprirent le tata. Hourst, ne se sentant pas en force pour continuer la lutte, alla se fortifier à Sido qui n'était séparé de Dougoutiguila que par la largeur de la rue et attendit des secours, ayant tous les jours à repousser des attaques. La colonne Archinard arriva le 23 février au soir et le lendemain au jour le combat commença. Renforcés par de nombreux guerriers conduits par le Mahdi en personne, la résistance fut longue. Le combat dura toute la journée et fut très sanglant. Nous eumes de nombreux blessés et tués. Les rebelles se retirèrent vers le sud, laissant de nombreux morts parmi lesquels le Mahdi. Ahmadou, pris dans la poursuite fut fusillé le soir même. Quelques villages furent brûlés et plusieurs se soumirent. Obligé de commencer sa campagne contre Samory, le colonel Archinard retourna le 8 mars à Nyamina.

Bodian était toujours à Kinian qu'il finit par prendre le 12 mars. De retour à Ségou, le 23 mars, il en repartit le 12 avril, acheva la soumission du Baninko, du Bendougou et du Kaminiadougou où il fut bien reçu. La tranquillité étant revenue, Bodian s'occupa activement de l'organisation et de l'administration de son pays. Les chefs de canton Bambaras restèrent en fonctions. Les chefs de province devaient maintenir et lever leurs guerriers, ils rendaient la justice et avaient eux-mêmes chacun une garde de 150 sofas.

La paix fut malheureusement vite troublée. Deux marabouts maures, Badi Thaleb Mahmoud et Baya s'étaient liés avec Ahmadou qui s'était retiré à Bandiagara après la prise de Nioro. Ils excitèrent les habitants de Sokolo et ceux de la rive gauche du Niger à se soulever contre nous et nos partisans. El Hadj Bougouni chef des Peulhs du Baoros prit la tête du mouvement, entraînant avec lui les Bambaras du Kaarta, du Monimpé. Mademba envoya vers Sokolo une petite colonne qui ne put y pénétrer. Mademba partit alors en tournée dans ses Etats, mais ne put rétablir l'ordre et fut même obligé d'aller se fortifier à Sansanding. Le capitaine résident lui envoya, le 28 décembre des renforts commandés par Dougoro, cousin de Bodian, qui fut rappelé à Ségou. Le soulèvement gagnait le Baninko et le Kaminiadougou. Le 10 mars Sansanding fut attaqué, mais l'attaque fut repoussée et les troupes d'El Hadj Bougouni se débandèrent. A son tour le Minianka se soulève et une conspiration se trama contre les chefs qui nous étaient acquis et réussit malheureusement.

L'insurrection triomphait. Le capitaine Briquelot, qui était en route pour le Minianka où il allait installer le chef de M'Pésoba et régler sur place certaines questions, apprit le 14 février à son arrivée à Bousché le complot de Bla. Il s'y rendit en toute hâte et y arriva le 20 février. Zangue Koro vint protester de son dévouement et avec ses guerriers, le capitaine Briquelot put installer la garnison de Bla et se prépara à soutenir le choc des rebelles qui marchaient sur Bla. La petite garnison presque sans munitions put résister à l'attaque de 1500 assaillants qui furent obligés de battre en retraite. Il arriva le 23 à Touna, mais n'ayant plus de munitions, il regagna Ségou. Le 28 février les révoltés revinrent attaquer Bla et s'en emparèrent, massacrant la garnison. La révolte gagnait le Kaminiadougou. La situation devenait critique. Les Peulhs Fouloukas et Sambourous, mécontents et ruinés par la peste bovine commençaient aussi à se remuer et le Ségou était aussi excité à la révolte par El Hadj Bougouni.

Le lieutenant Huillard rentrait à Ségou venant de faire la délimitation des États du fama de Ségou avec ceux du fama de Sikasso, lorsqu'il apprit le mouvement des Peulhs. Il fut prévenu par Kéléké, chef des Peuls Fourba Foulahs d'avoir à éviter le village de Souba et d'aller directement à Ségou en passant par son village de Dioufrongo. Ne tenant aucun compte de cet avertissement, le lieutenant Huillard passa par Souba où il arriva le 18 avril et en repartit le lendemain, mais à 2 kilomètres de Souba, il tomba dans une embuscade où il fut assassiné ainsi que son interprète. Averti le 20 au matin, le capitaine Briquelot accompagné du lieutenant Poitevin et du lieutenant de vaisseau Briffaud à la tête de quelques réguliers, des tirailleurs et spahis auxiliaires et des cavaliers du Fama partit pour Dioufrongo où il arriva le soir et le lendemain au matin la colonne se trouva sur les lieux du massacre de la mission Huillard. Les corps, très reconnaissables furent trouvés et inhumés. On ne put réunir que des fragments de papier ayant trait à la mission. La colonne alla camper à Souba où elle fut reçue après quelques hésitations. De là, le capitaine Briquelot marcha sur les Peulhs qui pillaient le Guéniékalary et qui assiégeaient Barouéli.

Le 22 au matin, pendant sa marche sur Bomoti, la colonne fut attaquée par les Peulhs qu'elle mit en fuite. La colonne allait repartir pour Barouéli après avoir brûlé toutes les cases quand elle fut assaillie par de grosses masses de cavalerie et d'infanterie. Après une lutte acharnée les Peulhs, par trois fois repoussés furent définitivement mis en fuite ayant eu de très graves pertes. Le lieutenant de vaisseau Briffaud, le lieutenant Poitevin, le capitaine Briquelot et l'interprète Médoun avaient été blessés. Le soir, à sept heures trente la colonne reprit sa marche et arriva à Barouéli à onze heures. Les blessés rejoignirent Ségou par eau et les chefs de colonne du fama poursuivirent les révoltés.

Malgré la défaite qu'ils venaient de subir, les insurgés augmentaient tous les jours et l'insurrection menaçait de se généraliser. Heureusement, le chef d'État major, le commandant Bonnier arriva avec une petite colonne et fit subir aux Peulhs de fortes pertes, les força à repasser le Bani en abandonnant tous leurs troupeaux et leurs familles.

De là, le commandant Bonnier se rendit dans le Kaminiadougou où El Hadj Bougouni opérait. Il l'attaqua à Koïla qu'il prit le même jour (22 juin) et reçut la soumission de toute la région. Il passa ensuite le Niger et fit subir aux troupes d'El Hadj Bougouni de grandes pertes à Dosséguéla. La tranquillité se trouva ainsi rétablie partout, les habitants étaient terrifiés de nos rapides succès.

Après avoir donné au capitaine Dunoyer, résident de Ségou des instructions pour réorganiser le pays, le commandant Bonnier repartit le 20 juin pour Kayes.

La paix régnait partout. Le Minianka et les provinces du Sud du Bani n'étaient pourtant pas encore complètement gagnés. Vers le mois de novembre 1892 le pillage recommença; le capitaine Dunoyer envoya une colonne contre Dougonolo, sous les ordres du lieutenant Cailleau qui arriva devant ce village le 6 décembre. Il y fut renforcé par les troupes du Fama et les tirailleurs de la garnison de Bla. Une brèche fut ouverte dans le tata par une pièce de quatre, l'assaut fut donné, mais la colonne fut arrêtée par un mur intérieur qui ne se voyait pas du dehors. La pièce ne put ouvrir une nouvelle brèche, trois assauts furent vains. Les munitions s'épuisaient et les pertes étaient grandes, aussi fut-on obligé de revenir à Bla. Le lieutenant Cailleau rentra à Ségou après avoir laissé une garnison à Nabasso (Bendougou) sous le commandement d'un sergent européen. Le Minianka résistait toujours, malgré la politique pacifique du Résident de Ségou, chaque village voulait en effet former un petit état ayant chacun un Fama, se mettant toujours du côté du plus fort et n'obéissant en somme à personne. La force seule pouvait le soumettre complètement, mais il fallait frapper un coup décisif, car l'insuccès du lieutenant Cailleau n'avait fait qu'aggraver la situation. Ce fut, en effet, ce qui fut décidé dans le plan de campagne de 1893.

Ségou Cercle. — Les effets de l'administration directe par le Fama Bodian quoique très intelligent, ne donnaient pas les résultats cherchés. Le Macina était conquis. Bandiagara devenait un royaume, aussi celui de Ségou n'avait plus de raison d'être. Le colonel Archinard décida donc à son arrivée à Ségou le 13 mars 1893 la substitution du Cercle à celle de la résidence avec le capitaine Bonnacorsi comme commandant de Cercle. Un ordre enlevait au Fama Bodian sa charge et tout en le remerciant des services rendus à notre cause, lui assignait comme résidence le Kaarta en qualité de chef des Bambaras et Kaartankés qui, chassés par El Hadj Omar, s'étaient réfugiés à Ségou.

Depuis cette époque, grâce à l'activité de chacun, le

XXXV. — Village de Somonobougou sur le Niger.

Cercle n'a fait que progresser. Sa tranquillité n'a plus été troublée et les bienfaits de notre administration ont été reconnus par tous les indigènes qui, en général, nous sont tous acquis. Les villages du Sud du Bani qui, en 1897 ont nécessité une tournée de police et qui l'année dernière encore étaient à surveiller activement, sont aujourd'hui tranquilles. Leur impôt est payé dès qu'il est demandé et les adjoints envoyés en tournée de recensement et d'étude sont bien reçus. Dans tous ces pays éloignés où le blanc passe rarement et dont la conquête est très récente, les habitants sont très craintifs et très méfiants. Il faut donc par des visites fréquentes et en les attirant surtout au chef-lieu du Cercle, leur montrer que notre seul désir est de chercher à augmenter leur bien-être en leur assurant la plus grande sécurité. C'est, je crois, un excellent moyen qui, cette fois encore, m'a réussi.

HISTORIQUE DES CANTONS

Cet exposé sera très court, car les cantons n'ont encore aucune homogénéité et leurs chefs, d'origine récente n'ont pas d'histoire. Seul N'To (chef du canton de N'To) peut être cité. N'To est un Bambara d'origine obscure qui avant notre arrivée guerroyait pour son compte et s'était créé une situation importante en s'emparant de plusieurs villages de la rive gauche du Niger. Il nous a rendu quelques services, lors de la colonne Bonnier. Aussi l'a-t-on conservé comme chef de canton. Sa famille eut pour berceau Doumila, village situé près de Dio (Cercle de Bamako.) Zan, son ancêtre, homme libre, était devenu captif de N'Golo, roi de Ségou, selon l'usage du pays, pour avoir volé du miel. Son fils Zan Fato (fato-fou) avait obtenu, réputé par sa bravoure, le commandement d'une colonne et avait épousé la mère du successeur de N. Golo-Moussa.

Son fils N'Dji fut chargé d'aller combattre le roi de Sokoro, qui avait épousé une fille de Moussa et qui avait insulté sa famille en la traitant un jour de captive. N'Dji s'empara de Sokoro qui lui fut donné par le roi de Ségou.

N'Dji eut deux fils. N'To et Manson qui suivirent la fortune des N'Golossi. Mais abandonné par son cousin Karmoko Diara qui venait d'empoisonner Mousa Togona, il guerroya pour son compte sur la rive gauche du Niger et s'y créa un petit état. N'To est aujourd'hui une brute ; il n'a aucune autorité, comme les autres du reste.

Kéléké Koné. — Kéléké, chef des Peulhs-Fourba-Foulah est un grand vieillard qui a dû être très robuste dans son temps. Il a une certaine autorité sur les villages de son ressort, néanmoins il ne faudrait pas trop compter sur sa franchise car cette année il a cherché à tromper d'environ 400 personnes dans le recensement de Dionfrongo qui en compte 660. Les Peulhs ont souvent recours à lui pour leurs affaires de justice, ils le respectent et l'honorent car il soutient toujours leurs intérêts. Sa fortune considérable lui donne une grande influence dont il ne cherche pas à user contre nous, il proteste sans cesse de son dévouement à notre cause.

Télémaka. — Il n'a pour ainsi dire pas d'ancêtres. Son père était chef Sofa du temps d'Ahmadou et lui était avec son père. Depuis notre arrivée cet homme est entièrement dévoué à notre cause. On peut dire qu'il est l'homme du devoir. C'est un auxiliaire précieux pour le commandant de Cercle et certainement il est de tous les chefs celui qui est le plus obéi et le plus écouté. Honnête, ce qui est rare, et estimé de tous. Les autres chefs l'écoutent et le consultent.

IIIe PARTIE

MISSIONS DIVERSES

Mage et Quintin. — En 1863, le général Faidherbe, gouverneur du Sénégal, voulant relier le Haut-Sénégal au Niger, chargea le lieutenant de vaisseau Mage et le chirurgien Quintin d'étudier une ligne permettant d'établir une trentaine de postes entre Médine et Bamako et de pousser jusqu'à Ségou pour s'y mettre en relations avec El Hadj Omar. Partis le 25 novembre 1863, ils arrivaient à Kita le 15 janvier 1864, à Nyamina (R. D. Niger) le 22 février et s'embarquaient là sur des piroques. Ils arrivèrent à Ségou le 28 du même mois. Malgré leurs instances, Ahmadou qui remplaçait son père, El Hadj Omar, en tournée dans le Macina ne leur laissa pas franchir les murs de Ségou, ni aller trouver le prophète. Ils restèrent à Ségou jusqu'au 6 mai 1866, sans avoir vu El Hadj Omar qui avait péri au siège de Bandiagara, hôtes forcés d'Ahmadou qui, craignant enfin de s'attirer des désagréments du général Faidherbe, leur rendit la liberté. Ils retournèrent à Nyamina par une autre route et se dirigèrent ensuite vers Nioro, puis rentrèrent à Médine le 28 mai 1867.

Paul Soleillet. — Le 10 avril 1878, Paul Soleillet quittait St Louis, voulant étudier une voie de communication entre le Sénégal et l'Algérie, par Ségou, Tombouctou, El Goléa ou Ouargla.

Il arrivait à Ségou le 1er octobre 1878, il ne put jamais

XXXVI. — Griots. — Instruments de tam-tam (Bambara).

dépasser ce point et rentra à Bakel où il arriva le 2 mars 1879.

Mission Galliéni. — Parti de St Louis le 30 janvier 1880, la mission arriva à Bakel le 25 février. Galliéni avait pour but de passer un traité d'alliance avec Ahmadou. Après avoir traversé le Kita, le Fouladougou, la mission arriva le 11 mai à Bamako, mais ne put y pénétrer. Ayant réuni tout son monde et après avoir décidé de continuer. Galliéni franchit le Niger et arriva à Ségou, n'ayant plus de munitions, ni vivres, ni médicaments et plus de cadeaux. A Sanankoro, il reçut l'ordre d'Ahmadou de s'arrêter. Ne tenant aucun compte de cet avertissement, il poussa

XXXVII. — Somonos.

jusqu'à Nango, (40 kilomètres à l'ouest de Ségou) 1er juin 1880. Il y reçut de nouveau l'ordre de s'arrêter. A bout de ressources il fut obligé d'obéir.

Galliéni demanda l'autorisation d'aller à Ségou voir le roi. Ahmadou refusa et le maintint ainsi 10 mois comme hôte à Mango. Néanmoins, Galliéni obtint qu'Ahmadou le mit en relations avec son représentant pour élaborer un projet de traité entre la France et l'empire Toucouleur. L'opération traînait en longueur quand on apprit la prise de Kita et de Goubanko par le lieutenant-colonel Borgnis Desbordes. Les conseillers d'Ahmadou à cette nouvelle émirent l'idée d'assassiner les officiers français. Mais fort de la prise de Kita et connaissant les projets de l'entourage d'Ahmadou, Galliéni lui renouvela ses propositions. Un traité fut conclu et la mission put quitter Nango (21 mars), deux semaines après la signature. Le 29 mars, la mission retraversait le Niger et rejoignait la colonne à Kita. Elle était de retour à Saint-Louis en 1881.

XXXVIII. — Fama Mademba.

CHRONOLOGIE DES FAITS

1600 Émigration des Bambaras venant des monts de Kong et établissement à Ségou, Bitton étant roi.

1753 Fondation de la monarchie Bambara N'Golo.

1805 Voyage de Mungo Park.

1863 Mission Mage et Quintin.

1863 El Hadj Omar s'empare de Ségou.

1878 Mission Soleillet.

1880 Mission Gallieni.

1881 Traité de Galliéni avec Ahmadou.

1883 Mission Bayol.

1890 Prise de Ségou par Archinard.

1890 Ségou érigé en résidence (Palabre).

1890 Mari Diara et ses conseillers sont fusillés. Bodian nommé Fama.

1891 Assassinat du lieutenant Huillard.

1891 Formation des États de Sansanding. Mademba Fama.

1893 Ségou transformé en Cercle.

IVe PARTIE

NOTIONS GÉNÉRALES SUR LES LOIS ET USAGES MUSULMANS

Quoique la majorité des habitants du Cercle soit fétichiste, il existe néanmoins de nombreux musulmans. Il est vrai qu'en dehors des Peulhs qui sont nombreux, des Markas et des Toucouleurs, les Bambaras pratiquent l'islamisme mais ne doivent pas être pris au sérieux. Pour eux ce n'est qu'un genre et ils se croient plus importants parce qu'ils font le Salam. Du reste quoique Salitigui, ils n'ont pas abandonné leurs pratiques fétichistes.

Nous dirons donc quelques mots sur les sectes de Ségou et terminerons cette étude par quelques notions sur les mœurs et coutumes musulmanes. Les vrais propagateurs de l'Islam sont les Peulhs qui, très nomades, parcourant le pays et intelligents, cherchent à faire des adeptes bambaras en profitant de leur crédulité. Les Musulmans du Cercle se divisent en deux sectes : les Tidjianistes et les Kadrias qui ne se différencient entre elles que par la forme des prières.

El Hadj Omar peut être considéré comme le propagateur des Tidjianis qui sont les plus nombreux ici. Ils ont aujourd'hui, comme chefs-religieux : Kèléklé chef des Peulhs et Kalilou chef des Somonos.

Les descendants actuels d'El Hadj Omar qui sont encore à Ségou sont sans influence. Son fils Naguirou est un ivrogne et jouit d'une mauvaise réputation ; celui d'Ahmadou Cheikou, Z'diani, âgé de 15 ans, suit les cours des Pères Blancs. Le seul représentant des Tidjianis est aujourd'hui l'almamy de Ségou, Cheikou Djiré, sérieux, tranquille et estimé. Il ne nous est point hostile. Les Tidjianis comptent parmi leurs adeptes les Peulhs Foulbés, les Somonos, Markas, Kaartankès, Foutankès Bambaras.

Les Kadrias ayant pour chef religieux l'almamy de Markadougouba, Alfa Suleyman Kamitté comprennent les Peulhs Sambourous et quelques Somonos.

Les mosquées sont très nombreuses et dans tous les villages de culture des Peulhs, se trouve un terrain réservé aux prières. La mosquée de Ségou vient d'être reconstruite (1899-1900) d'après le style de celle de Djènnè. Beaucoup d'écoles d'arabe. Les Musulmans du Cercle sont environ 45.000.

Mariage. — Le mariage musulman est un contrat par lequel la femme s'abandonne au mari moyennant un payement appelé don nuptial. La valeur de ce don est très variable. Généralement la moitié est payée avant le mariage. Si la femme est répudiée après le contrat, avant toute relation charnelle, la moitié du don lui est acquise. De même si le fiancé meurt avant le mariage. Les musulmans sont polygames, mais le Coran leur conseille de ne prendre que deux, trois ou quatre femmes suivant leur richesse. Le chiffre quatre est considéré comme ne devant pas être dépassé pour les épouses libres. Le mariage a lieu généralement devant le marabout et en présence de deux témoins. Sa célébration ne donne jamais lieu, comme chez les Bambaras et les Malinkés, à des fêtes suivies de

XXXIX. — Après la Circoncision.

tam-tam et d'orgies. Un simple repas copieux est offert aux parents et amis. Le mariage n'est résiliable que par la volonté seule de l'époux. La femme ne peut demander le divorce. Le divorce d'office ne peut être prononcé par le magistrat au lieu et place de l'épouse que pour cause d'absence justifiée ou de sévices juridiquement établis.

Il existe trois cas de répudiation.

1° La répudiation complète : Le mari peut reprendre sa femme par deux fois sans qu'il soit nécessaire qu'elle se soit mariée à un autre. 2° La répudiation irrévocable : Le mari peut renoncer à la répudiation sans formalité si le terme fixé par la loi n'a pas été dépassé. 3° La répudiation définitive : Après trois répudiations elle devient définitive. Le mari ne peut reprendre sa femme qu'en cas de décès du nouvel époux ou si elle est répudiée par ce dernier.

La femme enceinte ne peut être répudiée qu'après son accouchement. Le Coran prescrit au mari d'assurer sa nourriture pendant toute la grossesse et l'allaitement.

Le Coran conseille de laisser la dot à la femme divorcée. Les enfants appartiennent au père.

Successions. — Contrairement aux usages noirs, les femmes sont comprises parmi les héritiers pour une demi-part légitime. Les réserves héréditaires leur accordent certains avantages, car lorsqu'elles n'héritent pas en qualité d'ayant droits légitimes, elles entrent en ligne à titre de conservataires comme épouse, mère, sœur ou fille unique, sœur utérine, etc. Comme les femmes ont souvent un de ces titres elles finissent par avoir autant que les héritiers mâles. Afin d'éviter les complications pour ces partages, les Musulmans ont fixé légalement la proportion à accorder dans chaque cas. L'héritage paternel est réparti entre les femmes libres et les enfants, les

XL. — Jeunes Filles (Soungourou).

femmes captives sont libérées. L'héritage familial est partagé entre tous les membres de la famille. En cas d'absence d'héritier la succession revient au chef du pays.

Inhumation. — Dès le décès on prévient le marabout qui vient laver le corps lequel est cousu dans un linceul. On dit les prières, on le porte au cimetière et sur la tombe on met des cailloux. Le corps est couché sur le flanc et la face regardant le soleil levant. Les effets que le mort portait au moment du décès sont, en principe, distribués aux pauvres.

Justice. — La justice musulmane est rendue par le cadi. Tout musulman, peut comme les autres indigènes, en appeler au commandant de Cercle. Il faut tenir compte qu'ici la justice doit être un mélange des principes coraniques et locaux, aussi faut-il engager les Musulmans d'occasion comme le sont les Bambaras à s'en tenir aux usages de leur race. Le cadi est nommé par le gouverneur, n'est pas payé mais comme il est en même temps écrivain d'arabe, il touche de ce fait une solde.

La justice est rendue en principe dans la case du cadi, mais il est préférable de la faire rendre dans le poste même afin d'avoir plus de surveillance, car les cadis généralement, rendent la justice d'après la richesse des plaignants. Les cadis doivent toujours être assistés d'un ou deux assesseurs. Les jugements sont inscrits sur un registre *ad hoc* et soumis au visa du commandant du Cercle. Les principales règles juridiques sont réunies dans le code musulman dont il existe une bonne traduction par M. Seignette et qu'il serait utile de posséder dans tous les postes.

Captivité. — Les Musulmans ne reconnaissent pas le captif de case reconnu par les autres noirs. Le Coran prescrit de bien traiter les esclaves et de les affranchir.

DOCUMENTS ANNEXES

TRAITÉS

DOCUMENTS ANNEXES

TRAITÉS

TRAITÉ AVEC LE FOULADOUGOU

16 avril 1880.

Au nom de la République Française :

Entre G. Brière de l'Isle, colonel d'Infanterie de marine, commandeur de la Légion d'Honneur, Gouverneur du Sénégal et dépendances, représenté par M. le Capitaine Galliéni, chef de la mission du Haut-Niger, d'une part;

Et Boulounkoun-Dafa chef du Fouladougou, assisté de son frère Marifin-Boulounkoun et des principaux notables d'autre part;

A été conclu le traité suivant :

Article premier. Les chefs, notables et habitants des villages du Fouladougou déclarent qu'ils vivent indépendants de toute puissance étrangère et qu'ils usent de cette indépendance pour placer, de leur plein gré eux, leur pays et les populations qu'ils administrent sous le protectorat exclusif de la France.

Art. 2. Le Gouvernement Français s'engage à ne jamais s'immiscer dans les affaires intérieures du pays, à laisser chaque chef gouverner et administrer son peuple suivant leurs us et coutumes ou religion; à ne rien changer dans la constitution du pays qu'il prend sous sa protection; il se réserve le seul droit de faire, sur le territoire dépendant des villages du Fouladougou, les établissements qu'il jugera utiles aux intérêts des parties contractantes sauf à indemniser s'il y a lieu, les particuliers dont les terrains seraient choisis pour servir d'emplacement à ces établissements.

Art. 3. Les habitants de la région, reconnaissants envers le Gouvernement Français qui les prend sous sa protection, s'engagent à mettre à la disposition du Gouverneur tous les moyens en leur pouvoir pour l'aider à élever les constructions et établissements prévus par l'article 2 ci-dessus. Tout travail exécuté par un habitant du pays pour le Gouvernement Français sera rétribué suivant le taux en usage.

Art. 4. Le commerce se fera librement et sur le pied de la plus parfaite égalité entre les nationaux Français ou autres placés sous la protection de la France et les indigènes. Les chefs s'engagent à ne gêner en rien les transactions entre vendeurs et acheteurs et à n'user de leur autorité que pour protéger le commerce, favoriser l'arrivage des produits et développer les cultures.

Art. 5. En cas de contestation entre un individu de nationalité française et un chef du pays ou l'un de ses sujets, l'affaire sera jugée par le représentant du Gouverneur, sauf appel devant le chef de la colonie. En aucune circonstance et sous quelque prétexte que ce soit, les opérations commerciales d'un traitant ne pourront être suspendues par ordre des chefs indigènes.

Art. 6. Ceux-ci, comme leurs successeurs, s'engagent à préserver de tout pillage les étrangers qui viendront faire le commerce chez eux, à quelque nationalité qu'ils appartiennent.

Art. 7. Les chefs de la contrée n'exigeront aucun droit, aucune coutume ou cadeau de la part des commerçants pour autoriser le commerce.

Art. 8. Chaque année, les chefs qui voudront se rendre à Saint-Louis ou y envoyer un de leurs parents avec leurs pouvoirs pour traiter directement les affaires avec le Gouverneur, y seront conduits gratuitement par les soins des Français et ramenés de même à leur point de départ.

Fait et signé en triple expédition au village de Goniokori, le

16 avril 1880, en présence de MM. Bayol, médecin de 1re classe de la Marine et Tautain, médecin auxiliaire de la Marine.

Signé : Dr J.-M. Bayol, Dr Tautain, Galliéni, marque de Boulounkoun-Dafa; marque de Marifin-Boulounkoun.

Les soussignés certifient que les marques ci-dessous ont été apposées en leur présence par les dénommés Boulounkoun-Dafa et Marifin-Boulounkoun.

Goniokori, le 16 avril 1880.

Signé : Dr J.-M. Bayol, Dr Tautain.

TRAITÉ AVEC LE BAS-MANDING

27 avril 1881.

Au nom de la République Française :

Entre le général Brière de l'Isle, Gouverneur du Sénégal et dépendances, représenté par le lieutenant-colonel Borgnis-Desbordes, et le chef du Bas-Manding, Kaba Mamby de Kangoba, a été conclu le traité suivant :

Article premier. Le chef Kaba-Mamby place son pays sous le protectorat exclusif de la France.

Art. 2. La France promet aide et protection au chef Kaba-Mamby; elle ne s'immiscera pas dans les affaires intérieures du pays. Elle se réserve seulement le droit de faire sur le territoire les établissements militaires qu'elle jugerait utiles aux intérêts des parties contractantes. Dans ce cas, les habitants de la région s'engagent à mettre à la disposition du Gouverneur tous les travailleurs nécessaires. Ces travailleurs seront payés à raison de un franc ou une coudée et demie de calicot par journée de travail. La journée de travail est de dix heures.

Art. 3. Le commerce se fera librement et sur le pied de la plus parfaite égalité entre les nationaux Français et autres placés sous la protection de la France et les indigènes. Le chef s'engage à prendre toutes les mesures nécessaires pour que les transactions ne soient gênées en rien et à n'user de son autorité que pour protéger le commerce, favoriser l'arrivage des produits et développer les cultures.

Art. 4. En cas de contestation entre un Français et un chef du pays ou l'un de ses sujets, l'affaire sera jugée par le représentant du Gouverneur, sauf appel devant le Gouverneur. Sous aucun prétexte, les opérations commerciales ne pourraient être suspendues.

Art. 5. Le chef s'engage à préserver de tout pillage, dans l'étendue du Bas-Manding, les étrangers qui viendront faire commerce chez lui.

Art. 6. Le chef et les différents notables n'exigeront aucune coutume ou cadeau de la part des commerçants pour autoriser le commerce. Réciproquement, la France n'exigera aucun droit, coutume ou cadeau.

Art. 7. Le présent traité ne sera valable définitivement qu'après la ratification du Gouverneur.

Art. 8. Ce traité restera secret, même après la ratification du Gouverneur, jusqu'au moment où ce dernier jugera convenable de le faire connaître; dans tous les cas, la publication du traité ne sera faite que dans des conditions telles qu'il n'en puisse résulter aucun dommage, quelque petit qu'il soit, pour le chef et le pays qu'il gouverne.

Art. 9. Le chef aura le droit d'envoyer un de ses proches parents à Saint-Louis au Gouverneur. Cet envoyé partirait avec le lieutenant colonel commandant supérieur du Haut-Fleuve.

Fait et signé en triple expédition à Kita, le 27 avril 1881.

Le lieutenant-colonel représentant le Gouverneur.

Signé : B. Desbordes.

Le chef du Bas-Manding, marque Mamby Kaba ; marque de Minamba, son fils; marque de son autre fils Kamori ; marque de son autre fils Kadiemba; marque du chef de Voronina Boukari ; marque du chef du pays de Kinadougou demeurant à Kégueraba-Komeno; marque du fils du chef Voronina Namory ; marque du chef de la Ville de Siguira de l'autre côté du Niger, Dioukhou-Dian.

Les soussignés déclarent que les marques ci-dessus ont été apposées en leur présence par Mamby-Kaba et ses trois fils suivants : Minamba et Kamori et Kadiemba et Boukari chef de Voronina et son fils Namory et Kamoro chef Kigueraba et le chef du village de Séguira Dioukhou-Diam, de l'autre côté du Niger.

Les Interprètes :

Signé : Mamadou-Alpha, Savio-Sambala.

TRAITÉ AVEC LE BAMMAKO

27 avril 1881.

Au nom de la République Française.

Entre le général Brière de l'Isle, Gouverneur du Sénégal et dépendances représenté par le lieutenant colonel Borgnis-Desbordes;

Et, d'une part, Ibrahima-Niare, chef de Baumako Karamakho-Oubé; Titi, frère de Ibrahima Niaré et, d'autre part, les notables et chefs des autres villages du Bammako dont les noms suivent: Kabatié chef de Guirigoumé; Abdul-Vahabe, dit Tiécoro chef de la famille d'Abdaramane; Sidi Koro, deuxième chef de la famille d'Abdaramane.

A été conclu le traité suivant :

Article premier. Les chefs du Bammako placent leur pays sous le protectorat exclusif de la France.

Art. 2. La France promet aide et protection aux chefs du Bammako; elle ne se s'immiscera pas dans les affaires intérieures du pays, elle se réserve seulemement le droit de faire sur le territoire les établissements militaires qu'elle jugerait utiles aux intérêts des parties contractantes. Dans ce cas, les habitants de la région s'engagent à mettre à la disposition du Gouverneur tous les travailleurs nécessaires.

Ces travailleurs seraient payés à raison de un franc ou une coudée et demie de calicot par journée de travail. La journée de travail est de dix heures.

Art. 3. Le commerce se fera librement et sur le pied de la plus parfaite égalité entre les nationaux Français et autres placés sous la protection de la France et les indigènes. Les chefs s'engagent à prendre toutes les mesures nécessaires pour que les transactions ne soient gênées en rien et à n'user de leur autorité que pour protéger le commerce, favoriser l'arrivage des produits et développer les cultures.

Art. 4. En cas de contestation entre un Français et un chef du pays ou l'un de ses sujets, l'affaire sera jugée par le représentant du Gouverneur, sauf appel devant le Gouverneur. Sous aucun prétexte, les opérations commerciales ne pourront être suspendues.

Art. 5. Les chefs s'engagent à préserver de tout pillage, dans l'étendue de Bammako, les étrangers qui viendraient faire commerce chez eux.

Art. 6. Les chefs n'exigeront aucun droit, aucune coutume ou cadeau de la part des commerçants pour autoriser le commerce. Réciproquement la France n'exigera aucun droit, coutume ou cadeau.

Art. 7. Le présent traité ne sera valable définitivement qu'après la ratification du Gouverneur.

Art. 8. Ce traité restera secret même après ratification du Gouverneur, jusqu'au moment où ce dernier jugera convenable de le faire connaître. Dans tous les cas, la publication du traité ne sera faite que dans des conditions telles qu'il n'en puisse résulter aucun dommage, quelque petit qu'il soit, pour les chefs et les pays qu'ils gouvernent.

Art. 9. Les chefs auront le droit d'envoyer un de leurs proches parents à Saint-Louis, au Gouverneur.

Cet envoyé partirait avec le lieutenant-colonel, commandant supérieur du Haut-Fleuve.

Fait et signé en triple expédition à Kita le 26 avril 1881.

Le lieutenant-colonel, représentant du Gouverneur,

Signé : B. Desbordes.

TRAITÉ AVEC LE GANGARAN

14 février 1881.

Au nom de la République Française.

Entre M. le colonel Canard, gouverneur du Sénégal et dépendances, représenté par M. le lieutenant-colonel Borgnis-Desbordes, commandant supérieur du Haut-Sénégal et Fadioungo, roi du Gangaran, agissant tant en son nom qu'en celui de ses frères et des principaux chefs et notables de son pays,

A été conclu le traité suivant :

ARTICLE PREMIER. Le Gangaran est placé sous le protectorat de la France.

ART. 2. La République Française promet aide et protection au Gangaran dans le cas où les habitants de ce pays seraient menacés dans leur indépendance, leurs personnes ou leurs biens, pour avoir exécuté le pacte d'amitié qu'ils concluent librement avec la France.

ART 3. La République Française ne s'immiscera ni dans le Gouvernement, ni dans les affaires intérieures du Gangaran. Toutes les contestations entre les Malinkés du Gangaran continueront à être réglées selon les coutumes du pays. Il en sera de même de toutes les contestations avec les pays indigènes qui ne sont pas liés avec la France par des traités d'amitié.

Toutefois, le Gouverneur du Sénégal aura le droit d'intervenir dans le cas où il le jugerait nécessaire dans l'intérêt de la France.

Les contestations qui ne pourront être réglées à l'amiable entre le Gangaran, d'une part, et d'autre part avec les Français et les pays qui sont liés avec la France par des traités d'amitié, seront portées devant le Commandement de Kita, qui décidera.

Appel pourra être fait de la décision par l'une ou par l'autre partie devant le Commandant supérieur, d'abord, au Gouverneur du Sénégal et dépendances en dernier ressort.

Art. 4. La France aura le droit de construire dans le Gangaran les établissements militaires et d'exécuter les grandes voies de communications (routes, ponts ou chemin de fer) qu'elle jugerait utiles; dans ce cas, les habitants de la région fourniraient des manœuvres qui seraient payés 1 franc par journée de travail de 10 heures.

Art. 5. Le commerce se fera librement et sur le pied de la plus parfaite égalité entre les indigènes d'une part et les Français ou autres placés sous la protection de la France. Les caravanes et marchands seront scrupuleusement respectés dans leurs personnes et dans leurs biens.

Art. 6. Le roi du Gangaran s'engage à donner aide et protection à tous les ouvriers et à tous les convois venant de Kita ou de Bafoulabé. Toutes les dépenses faites par les courriers et les convois devront être payées.

S'il en était autrement, le roi du Gangaran aurait recours à l'autorité du Commandant de Kita.

Art. 7. Les Bambaras alliés de la France auxquels le Gangaran a donné généreusement asile et protection continueront à être respectés par eux à double titre d'hôtes du Gangaran et d'alliés de la République Française.

Art. 8. Le présent traité fait en triple expédition ne sera définitif qu'après approbation du Gouverneur.

Art. 9. Un des exemplaires du traité sera déposé au Gouvernement du Sénégal, un autre aux archives du Haut-Fleuve, et le troisième sera donné au roi du Gangaran.

Signatures et marques suivantes :

Approuvé :

Le Gouverneur du Sénégal

Canard.

TABLE DES MATIÈRES

QUATRIÈME PARTIE

LIVRE II

MOYEN-NIGER — CERCLE DE SÉGOU

PREMIÈRE PARTIE

DEUXIÈME PARTIE

TROISIÈME PARTIE

QUATRIÈME PARTIE

DOCUMENTS ANNEXES

TABLE DES GRAVURES

Paris. — Imprimerie Vve ALBOUY, 75, avenue d'Italie.

A LA MÊME LIBRAIRIE

CAIX (R. DE). — **Fachoda, la France et l'Angleterre.** 1 vol. in-12 broché, avec deux cartes et le portrait du colonel Marchand . . . . 3 fr. 50

CASTONNET DES FOSSES (H.). — **La perte d'une colonie. La révolution de Saint-Domingue.** In-12 br. . . . . 3 fr. 50

CRÉMIEUX (M.), *capitaine d'artillerie de marine.* — **Notions d'Annamite vulgaire.** 1 vol. in-12 br . . . . 4 fr. »

DAVILLÉ (Dr E.). — **Guide pratique du colon en Nouvelle-Calédonie.** 1 vol. in-12 br., avec gravures et carte hors texte . . . . 2 fr. 50

DAVILLÉ. — **La culture du cocotier.** In-12. br . . . . . 2 fr. »

DELON (F.). — **Etudes sur les différentes chartes de la Compagnie anglaise des Indes.** 1 vol. in-8 br. . . 4 fr. »

DELAFOSSE (Maurice), *administrateur colonial.* — **Essai de manuel de la langue Agni.** 1 vol. grand in-8 br. 5 fr. »

DEVILLE (V.). — **Partage de l'Afrique.** Exploration, colonisation, état politique. 1 fort vol. in-12 de 464 pages avec 6 cartes . . . . 5 fr. »

FARMER (C.) — **La culture du cotonnier.** In-12 br. avec cartes et gravures . . . . 5 fr. »

GARSAULT. — **Notice sur la Réunion**, rédigée pour l'Exposition coloniale de 1900. 1 vol. in-8 br., 308 pages avec 36 grav. et 1 carte. . . . . 2 fr. »

GUILLEMOT (M.). — **Notice sur le Congo français**, rédigée pour l'Exposition coloniale de 1900. 1 beau vol. ill. avec carte . . . . 1 fr. 50

GUYOT (P.). — **Voyage au Zambèze.** In-8 br. cartes et planches . . . . 5 fr. »

HOUDAS (O.), *professeur à l'Ecole des langues orientales vivantes.* — **Précis de grammaire arabe.** Etude de l'arabe régulier et de l'arabe vulgaire. In-8 cart. 6 fr. »

MARTINIÈRE (M. DE LA). — **Notice sur le Maroc.** Etude géographique, politique, économique, de l'empire du Maroc, d'après les documents officiels les plus récents, nombreuses gravures. In-8, carte . . . . 2 fr. »

MATTEI (Commandant). — **Bas-Niger, Bénoué, Dahomey.** Paris, in-8 br., gravures et cartes. . . . . 5 fr. »

PENSA (Ch.), *ingénieur agronome.* — **Les cultures de l'Egypte.** In-8 br., planches. . . . . 2 fr. »

RAHIDY (R.-P. B.). — **Cours pratique de langue malgache.** 1re partie : Grammaire malgache. 1 vol. in-12, relié toile. . . . . 3 fr. 50
2e partie : Dialogues usuels et vocabulaire français-malgaches. 1 vol. in-12, relié toile . . . . 4 fr. »
3e partie : Exercices et vocabulaire malgaches-français. 1 vol. in-12, relié toile . . . . 4 fr. »

SOMBSTHAY (E.), *vice-résident, chargé de cours à l'Ecole coloniale* — **Annam et Tonkin.** Organisation du Protectorat. Cours de législation et d'administration annamites. 1 vol. in-12 br. . . . . 6 fr. »

www.ingramcontent.com/pod-product-compliance
Ingram Content Group UK Ltd.
Pitfield, Milton Keynes, MK11 3LW, UK
UKHW022048190726
13855UKWH00002B/445

9 782012 887213